BLOCKCHAIN

TECHNOLOGY AND PRACTICAL CASE ANALYSIS

区块链技术及实用案例分析

刘宇熹 编著

清华大学出版社
北京

内容简介

区块链技术在未来二三十年里将产生重要的、颠覆性的、革命性的大变革。基于多年来对国内外众多创新型企业长期的跟踪调查和深入分析，本书以具有特色的企业为案例，简明扼要地阐述了区块链技术的内涵与实质，以及区块链技术如何影响人们处理信任、安全和隐私问题，使读者深刻理解区块链技术正快速成为自互联网诞生以来最重要的新技术。全书共分13章，主要内容有区块链、区块链技术、区块链的发展及应用领域、应用场景分析、分布式系统核心问题、密码学及安全技术、共识机制、比特币项目——思想诞生的摇篮、数字货币、区块链应用案例研究、区块链技术与金融创新、中华文化下的创业研究。

本书可作为高等院校计算机、互联网金融、大数据、人工智能等相关专业本科生的教材，对政府和企事业单位技术及管理人员从事理论研究和企业实战也具有很好的参考作用。

图书在版编目(CIP)数据

区块链技术及实用案例分析＝Blockchain technology and practical case analysis/刘宇熹编著. —北京：清华大学出版社，2020. 8
ISBN 978-7-302-55741-8

Ⅰ. ①区…　Ⅱ. ①刘…　Ⅲ. ①电子商务－支付方式－案例　Ⅳ. ①F713. 361. 3

中国版本图书馆CIP数据核字(2020)第106615号

责任编辑：刘向威
封面设计：文　静
责任校对：焦丽丽
责任印制：丛怀宇

出版发行：清华大学出版社
网　　址：http://www.tup.com.cn，http://www.wqbook.com
地　　址：北京清华大学学研大厦A座　**邮　　编**：100084
社 总 机：010-62770175　**邮　　购**：010-83470235
投稿与读者服务：010-62776969，c-service@tup.tsinghua.edu.cn
质量反馈：010-62772015，zhiliang@tup.tsinghua.edu.cn
课件下载：http://www.tup.com.cn，010-83470236
印 装 者：三河市吉祥印务有限公司
经　　销：全国新华书店
开　　本：170mm×230mm　**印　　张**：14.5　**字　　数**：201千字
版　　次：2020年8月第1版　**印　　次**：2020年8月第1次印刷
印　　数：1～2000
定　　价：49.00元

产品编号：086675-01

前言

FOREWORD

2014年开始，比特币背后的区块链(Blockchain)技术受到关注，并正式引发了分布式记账本(Distributed Ledger)技术的革新浪潮。人们开始意识到，记账本相关的技术，对于资产(包括有形资产和无形资产)的管理(包括所有权和流通)十分关键；而去中心化的分布式记账本技术，对于当前开放多维化的商业网络意义重大。区块链，正是实现去中心化记账本系统的一种极具潜力的可行技术。

区块链技术已经脱离开比特币，在包括金融、贸易、征信、物联网、共享经济等诸多领域崭露头角。提到"区块链"时，往往已经与比特币网络没有直接联系了，除非特别指出是承载比特币交易系统的"比特币区块链"。自蒸汽机、电和计算机发明以来，人们又迎来了第四次工业革命——数字革命，而区块链技术就是第四次工业革命的成果。区块链作为下一代的可信互联网，未来将让整个基于互联网的企业、生态、产业链彻底做一次变革创新。要抓住区块链技术融合、功能拓展、产业细分的契机，发挥区块链在促进数据共享、优化业务流程、降低运营成本、提升协同效率、建设可信体系等方面的作用。要推动区块链和实体经济深度融合，解决中小企业贷款融资难、银行风控难、部门监管难等问题。要利用区块链技术探索数字经济模式创新，为打造便捷高效、公平竞争、稳定透明的营商环境提供动力，为推进供给侧结构性改革、实现各行业供需有效对接提供服务，为加快新旧动能接续转换、推动经济高质量发展提供支撑。要探索"区块链+"在民生领域的运用，积极推动区块链技术在教育、就业、养老、精准脱贫、医疗健康、商品防伪、食品安全、公益、社会救助等领域的应用，为人民群众提供更加智能、更加便捷、更加优质的公共服务。要推动区块链底层技术服务和新型智慧城市建设相结合，探索在信息基础设施、智慧交通、能源电力等领域的推广应用，提升城市管理的智能化、精准化水平。要利用区块链技术促进城市间在信息、资金、人才、征信等方面更大规模的互联互通，保障生产要素在区域内有序高效流动。要探索利用区块链数据共享模式，实现政务数据跨部门、跨区域共同维护和利用，促进业务协同办理，深化“最多跑一次”改革，为人民群众带来更好的政务服务体验。如果想全面、透彻地了解区块链，想要亲自感受一场“正在发生的未来”，那么本书或许不容错过。

本书由广东金融学院刘宇熹编写，在编写过程中得到清华大学出版社的大力支持、鼓励和帮助，在此表示衷心的感谢。由于学识所限，书中难免有遗漏和疏忽之处，敬请读者谅解，并提出宝贵的修改意见。

作 者

2020年1月

目录

CONTENTS

第1章 区块链 1
1.1 区块链定义 1
1.2 区块链的基本原理 3
1.3 区块链的分类 5
1.4 区块链的特点与优势 7
1.5 区块链认识误区 7
1.6 区块链与比特币 8
本章小结 9
思考及实践题 9

第2章 区块链技术 10
2.1 概况 10
2.2 商业价值 11
2.3 关键技术和挑战 12
2.3.1 密码学技术 12
2.3.2 分布式共识 13
2.3.3 处理性能 13
2.3.4 扩展性 14
2.3.5 系统安全 15
2.3.6 数据库和存储系统 16
2.3.7 可集成性 16
2.3.8 其他 16
2.4 区块链技术发展趋势 17
本章小结 18
思考与实践题 19

第3章 区块链的发展及应用领域 20
3.1 区块链的发展动态 20
3.2 区块链的应用领域 23
3.3 区块链在金融领域应用的整体分析 25
3.3.1 区块链在金融领域应用的整体形势 25
3.3.2 区块链应用与金融领域的结合点 26
3.3.3 区块链对金融体系产生的潜在影响 28
本章小结 29
思考与实践题 30

第4章 应用场景分析 31
4.1 金融服务 32
4.1.1 跨境支付 33
4.1.2 保险理赔 37

4.1.3 证券交易 38
4.1.4 票据 39
4.2 银行金融管理 39
4.3 物联网 41
4.4 征信 42
4.4.1 用户征信的发展历程 43
4.4.2 传统征信的行业痛点 43
4.4.3 区块链在征信领域的应用场景 45
4.4.4 区块链在征信领域的应用现状 48
4.4.5 挑战与思考 49
4.5 公共服务领域 49
4.6 资源共享 51
4.6.1 短租共享 51
4.6.2 社区能源共享 52
4.7 电商平台 52
4.8 大数据共享 52
4.9 投资管理 53
4.9.1 跨境贸易 53
4.9.2 一带一路 53
4.9.3 众筹投资 53
4.10 物流供应链 53
4.11 公共网络服务 54
4.12 公益慈善领域 54
4.13 其他场景 55
本章小结 55
思考与实践题 56
第5章 分布式系统核心问题 57
5.1 一致性问题 57
5.1.1 挑战 58
5.1.2 要求 58
5.1.3 带约束的一致性 59
5.2 共识算法 60
5.2.1 问题挑战 61
5.2.2 常见算法 61
5.2.3 理论界限 61
5.3 FLP不可能性原理 62
5.4 CAP原理 63
5.4.1 定义 63
5.4.2 CAP原理应用场景 63
5.5 ACID原则 64
5.6 Paxos与Raft 65

5.6.1　Paxos　65
5.6.2　Raft　68
5.7　拜占庭问题与算法　68
5.7.1　中国将军问题　68
5.7.2　拜占庭问题　69
5.7.3　Byzantine Fault Tolerant 算法　69
5.7.4　新的解决思路　70
5.8　可靠性指标　70
本章小结　71
思考与实践题　72

第6章　密码学及安全技术　73
6.1　hash 算法　73
6.1.1　定义　73
6.1.2　流行的算法　75
6.1.3　性能　75
6.1.4　数字摘要　75
6.2　加解密算法　76
6.2.1　算法体系　76
6.2.2　对称加密　77
6.2.3　非对称加密　78
6.2.4　混合加密机制　79
6.3　数字签名　79
6.3.1　HMAC　80
6.3.2　盲签名　80
6.3.3　多重签名　81
6.3.4　环签名　81
6.4　数字证书　81
6.5　PKI 体系　82
6.6　Merkle 树　83
6.7　同态加密　84
6.7.1　定义　84
6.7.2　历史　84
6.7.3　函数加密　85
6.8　其他问题　85
本章小结　85
思考与实践题　86

第7章　共识机制　87
7.1　引言　87
7.2　共识概述　88
7.3　经典分布式共识　90
7.3.1　定义和分类　90

7.3.2　综合分析 91

7.4　授权共识机制 92

7.4.1　概念 92

7.4.2　综合分析 92

7.5　基于工作量证明的共识机制 93

7.5.1　定义和分类 93

7.5.2　典型方案分析 93

7.5.3　综合分析 95

7.6　基于权益证明的共识机制 97

7.6.1　定义和分类 97

7.6.2　综合分析 97

7.7　其他共识机制 99

本章小结 100

思考与实践题 100

第8章　比特币项目——思想诞生的摇篮 102

8.1　简介 102

8.1.1　历史 102

8.1.2　山寨币 104

8.2　原理和设计 105

8.2.1　账户地址的概念 105

8.2.2　交易 106

8.2.3　脚本 106

8.2.4　区块 107

8.2.5　设计理念 107

8.2.6　共识机制 108

8.3　挖矿 109

8.3.1　原理与过程 109

8.3.2　如何看待挖矿 110

8.4　工具 111

8.4.1　客户端 111

8.4.2　矿机 111

8.4.3　脚本 111

8.5　共识机制概述 112

8.5.1　工作量证明 112

8.5.2　权益证明 113

8.6　闪电网络 113

8.6.1　RSMC 114

8.6.2　HTLC 114

8.6.3　闪电网络概述 115

8.7　侧链 115

本章小结 115
思考与实践题 116

第 9 章　数字货币 117
9.1　数字货币研究历程 117
9.2　加密数字代币研究现状 118
9.2.1　加密数字代币 118
9.2.2　首次代币发行 120
9.2.3　加密数字代币及 ICO 监管 123
9.3　法定数字货币研究现状 125
9.3.1　法定数字货币研究进展 125
9.3.2　法定数字货币面临的挑战 126
9.3.3　区块链技术与法定数字货币 127
本章小结 128
思考与实践题 129

第 10 章　区块链应用案例研究 130
10.1　食药监区块链平台 130
10.1.1　现状及存在的问题 130
10.1.2　食药监区块链平台建设方案 130
10.2　36 个典型应用 142
10.3　贸易金融区块链平台的技术机理与现实意义 152
10.3.1　概述 152
10.3.2　现行贸易融资业务模式的缺点及其解决思路 153
10.3.3　基于区块链技术的贸易金融平台的优势 154
10.3.4　现有贸易金融区块链平台模式的比较分析 156
10.3.5　湾区贸易金融区块链平台的特点与未来展望 157
10.3.6　结语 159
本章小结 159
思考与实践题 160

第 11 章　区块链技术与金融创新 161
11.1　区块链技术在商业银行传统业务创新中的应用 161
11.1.1　引言 161
11.1.2　区块链技术的原理及特性 162
11.1.3　区块链技术在商业银行业

务创新中的应用 165
11.1.4 区块链技术在商业银行应用中存在的问题 167
11.1.5 商业银行应用区块链技术的应对策略 169
11.2 基于区块链技术的金融支农模式探索 170
11.2.1 引言 170
11.2.2 传统农村金融模式下的信贷 171
11.2.3 区块链模式下的信贷 172
11.2.4 “区块链+”金融支农模式创新 173
11.3 基于区块链的供应链金融创新 176
11.3.1 传统供应链金融模式和存在的问题 176
11.3.2 基于区块链的供应链金融新模式 178
11.3.3 基于区块链的供应链金融创新方向 180
本章小结 183
思考与实践题 183
第12章 中华文化下的创业研究 185
12.1 文化的渗透通道 185
12.2 渗透性是中华文化之灵魂 187
12.3 中华文化优秀在哪里 189
12.4 中华文化与创业机会 191
12.5 中华文化与创业资源 193
12.6 中华文化在创业中的优势 197
12.7 追求百年老店的创业需要中华文化 199
本章小结 201
思考与实践题 202
后记 203
附录A 区块链专业术语（英汉对照） 206
附录B 相关企业和组织 210
参考文献 213

第1章　区块链

学习目标

通过本章的学习，读者将能够：

- 熟悉区块链定义、区块链的基本原理；
- 了解区块链的分类、区块链的特点与优势；
- 理解区块链认识误区；
- 了解区块链与比特币的区别。

1.1　区块链定义

区块链(Blockchain)技术自身仍然在飞速发展中，目前还缺乏统一的规范和标准。Wikipedia 给出的定义为：A blockchain—originally，blockchain—is a distributed database that maintains a continuously-growing list of data records hardened against tampering and revision. It consists of data structure blocks—which hold exclusively data in initial blockchain implementations，and both data and programs in some of the more recent implementations—with each block holding batches of individual transactions and the results of any blockchain executables. Each block contains a timestamp and information linking it to a previous block. 区块链技术雏形出现在比特币项目中，作为比特币背后的分布式记账平台。在无集中式管理的情况下，比特币网络稳定运行了近八年时间，支持了海量的交易记录，并未出现严重的漏洞。

公认最早的关于区块链的描述性文献是中本聪所撰写的《比特币：一种点对点的电子现金系统》，但该文献重点在于讨论比特币系统，实际上并没有明确提出区块链的定义和概念。在其中，区块链被描述为用于记录比特币交易的账目历史。

记账技术历史悠久，现代复式记账系统（Double Entry Bookkeeping）是由意大利数学家卢卡·帕西奥利于 1494 年在 *Summa de arithmetica, geometrica, proportioni et proportionalità* 一书中最早制定。复式记账法对每一笔账目同时记录来源和去向，首次将对账验证功能引入记账过程，提升了记账的可靠性。从这个角度来看，区块链是首个自带对账功能的数字记账技术实现。

在更广泛意义上，区块链属于一种去中心化的记录技术。参与到系统上的节点，可能不属于同一组织，彼此不需要信任；区块链数据由所有节点共同维护，每个参与维护的节点都能复制获得一份完整记录的备份。

与传统记账技术相比，区块链的特点应该包括：维护一条不断增长的链，只可能添加记录，而发生过的记录都不可篡改；去中心化，或者说多中心化，不需要集中控制而能达成共识，实现上尽量分布式；通过密码学机制来确保交易无法抵赖和破坏，并尽量保护用户信息和记录的隐私性。更进一步，还可以将智能合约与区块链结合，让其提供除交易（比特币区块链已经支持简单的脚本计算）功能外更灵活的合约功能，执行更为复杂的操作。这样扩展之后的区块链，已经超越了单纯数据记录的功能，带有了“普适计算”的意味。从技术特点上，可以看到现在区块链技术的三种典型应用场景，如表 1-1 所示。

表 1-1 区块链技术典型应用场景

定位	功能	智能合约	一致性	权限	类型	性能	代表
公信的数字货币	记账功能	不带有或较弱	PoW	无	公有链	较低	比特币
公信的交易处理	智能合约	图灵完备	PoW、PoS	无	公有链	受限	以太坊

续表

定　　位	功能	智能合约	一致性	权限	类型	性能	代　　表
带权限的交易处理	商业处理	多种语言,图灵完备	多种,可插拔	支持	联盟链	可扩展	Hyperledger

区块链是分布式数据存储、点对点传输、共识机制、加密算法等计算机技术的新型应用模式,是一种去中心化、去信任的基础架构与分布式计算范式。互联网传递信息,区块链传递价值。区块链是实现分布式账本(DLT)的一种方法。分布式账本由网络节点维护、验证、加密以及审核后的共识记录组成,区块链在分布式账本的基础上包含了存储信息的区块,并通过在原有链条上产生新的区块来验证交易的有效性,从而可以用去中心化的方式集体维护一个可信的数据库,具有公开透明、安全可靠、开放共识等特点,如图1-1所示。

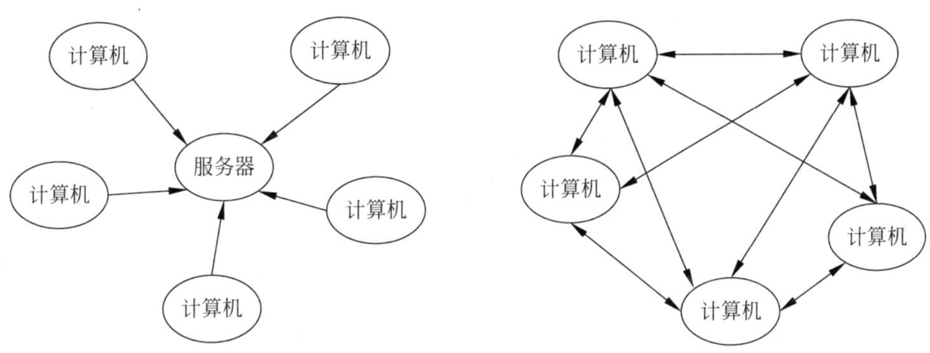

图1-1　互联网与区块链网络结构对比图

1.2　区块链的基本原理

区块链的基本原理理解起来并不难。其基本概念包括:交易(Transaction),一次操作导致账本状态的一次改变,如添加一条记录;区块(Block),记录一段时间内发生的交易和状态结果,是对当前账本状态的一次共识;链

(Chain),由一个个区块按照发生顺序串联而成,是整个状态变化的日志记录。如果把区块链作为一个状态机,则每次交易就是试图改变一次状态,而每次共识生成的区块,就是参与者对于区块中所有交易内容导致状态改变的结果进行确认,如图 1-2 所示。

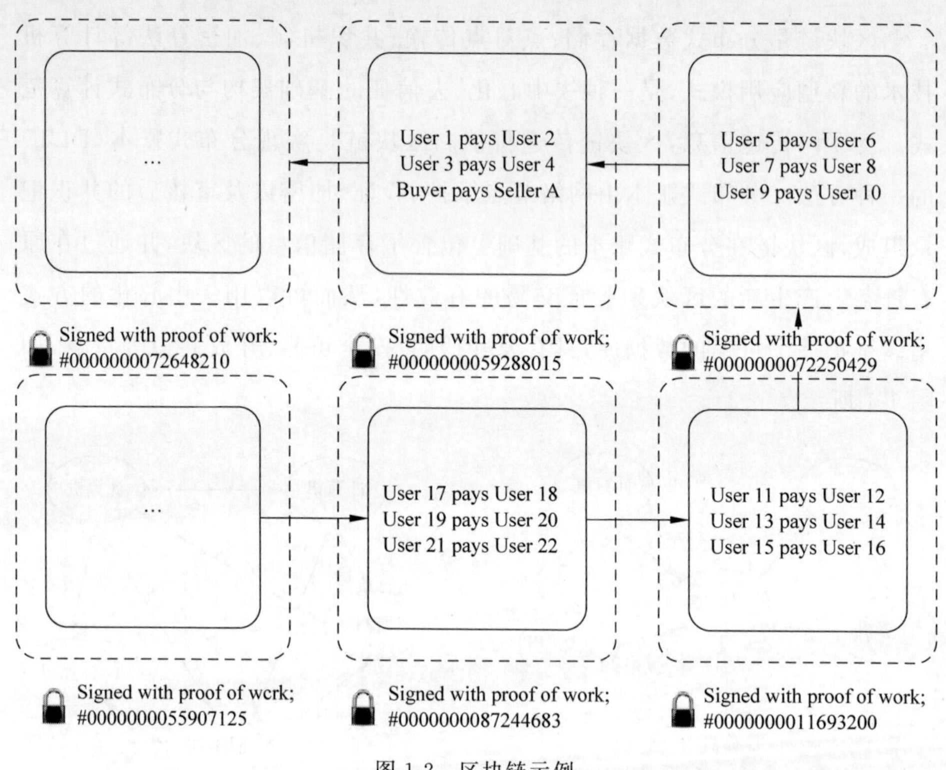

图 1-2　区块链示例

在实现上,首先假设存在一个分布式的数据记录本(这方面的技术相对成熟),这个记录本只允许添加、不允许删除。其结构是一个线性的链表,由一个个"区块"串联组成,这也是其名字"区块链"的来源。新的数据要加入,必须放到一个新的区块中。这个块(以及块里的交易)是否合法,可以通过一些手段快速检验出来。维护节点都可以提议一个新的区块,然而必须经过一定的共识机制对最终选择的区块达成一致。

以比特币为例，具体来看如何使用区块链技术。客户端发起一项交易后，会广播到网络中并等待确认。网络中的节点会将一些等待确认的交易记录打包在一起(此外还要包括此前区块的 hash 值等信息)，组成一个候选区块。然后，试图找到一个 nonce 串放到区块里，使得候选区块的 hash 结果满足一定条件(如小于某个值)。一旦算出来这个区块在格式上合法，就可以进行全网广播。大家拿到提案区块进行验证，发现确实符合约定条件了，就承认这个区块是一个合法的新区块，并添加到链上。当然，在实现上还会有很多的细节。

比特币的这种基于算力的共识机制称为 Proof of Work(PoW)。目前，要让 hash 结果满足一定条件并无已知的启发式算法，只能进行算力尝试。尝试的次数越多，算出来的概率越大。通过调节对 hash 结果的限制，比特币网络控制约 10min 平均算出来一个合法区块。算出来的节点将得到区块中所有交易的管理费和协议固定发放的奖励费(目前是 12.5 比特币，每四年减半)。此即俗称的"挖矿"。

能否进行恶意操作来破坏整个区块链系统或者获取非法利益？比如不承认别人的结果，拒绝别人的交易等。实际上，因为系统中存在大量用户，而且用户默认都只承认他看到的最长的链。只要不超过一半(概率意义上越少肯定越难)的用户协商，最终最长的链将在很大概率上是合法的链，而且随着时间增加，这个概率会越大。

1.3 区块链的分类

区块链本质上的去中心化并不意味着它不能用在私有社群内。实际上，如果区块链的一些特性，例如时间戳、不可更改等特点，将企业内部或者某些组织内部的一些需要该特点的资料用区块链技术进行保存和通信，那么就可以大大降低现有的成本，提升效率。

可以把区块链按照使用对象分为三类，即公有链、联盟链和私有链，如表1-2所示。

表1-2 区块链的分类

	公有链	联盟链	私有链
定义	链上的所有人都可读取、发送交易且能获得有效确认的共识区块链。通过密码学技术和PoW、PoS等共识机制来维护整个链的安全	联盟链是指有若干机构共同参与管理的区块链，每个机构都运行着一个或多个节点，其中的数据只允许系统内不同的机构进行读写和发送交易，并且共同来记录交易数据	私有链是指其写入权限仅在一个组织手里的区块链。读取权限或者对外开放，或者被任意程度地进行了限制
参与	任何人	预先设定或满足条件后进成员	中心控制者决定参与成员
中心化程度	去中心化	多中心化	中心化
是否需要激励	需要	可选	不需要
特点	① 保护用户免受开发者的影响 ② 所有数据默认公开 ③ 低交易速度	① 低成本运行和维护 ② 高交易速度及良好的扩展性 ③ 可更好地保护隐私	① 交易速度非常快 ② 给隐私更好的保障 ③ 交易成本大幅降低甚至为零
代表	比特币、以太坊、NEO、量子链	Ripple、R3	企业中心化系统上链

在公有链上，所有人都可以读取、发送交易并且能够确认共识区块链，这是去中心化的应用场景，但是它需要一些基本的共识机制和激励机制完成链的维护。

联盟链则是若干机构共同参与管理的区块链，并且只对参与的机构开放读写和发送交易请求，这实际上是多中心的，它主要是利用区块链来降低运行成本，提交效率。例如Ripple的交易平台可以让跨境转账非常便捷，清算和交易可以真正意义上同时进行。

私有链则是某个个人和组织才有权力进行写入的链，仍然是中心化的。私有链可以很好地保护个人的隐私，同时由于历史可追溯，不可更改，对于企业管理等方面的应用具有非常大的优势。

1.4　区块链的特点与优势

区块链本身就是分布式账本(DLT),自身就决定了它的特点与优势。一般认为区块链具有四个特点与优势。

(1) 开放共识。任何人都可以参与到区块链网络,每一台设备都能作为一个节点,每个节点都允许获得一份完整的数据库拷贝。节点间基于一套共识机制,通过竞争计算共同维护整个区块链。任一节点失效,其余节点仍能正常工作。

(2) 交易透明双方匿名。区块链的运行规则是公开透明的,所有数据信息也是公开的,因此每一笔交易都对所有节点可见。由于节点与节点之间是去信任的,因此节点之间不需要公开身份,每个参与的节点都是匿名的。

(3) 不可篡改可追溯。单个甚至多个节点对数据库的修改无法影响其他节点的数据库,除非能控制整个网络中超过51%的节点同时修改,这几乎不可能发生。区块链中的每一笔交易都能通过密码学方法与相邻两个区块串联,因此可以追溯到任何一笔交易的前世今生。

(4) 去中心去信任。区块链由众多节点共同组成一个端到端的网络,不存在中心化的设备和管理机构。节点之间数据交换通过数字签名技术进行验证,不需要互相信任,只要按照系统既定的规则进行,节点之间不能也无法欺骗其他节点。

1.5　区块链认识误区

目前,对区块链的认识还存在不少误区。

首先,区块链不是数据库。虽然区块链也可以用来存储数据,但它要解决的问题是多方的互信问题。单纯从存储数据角度,它的效率可能不高,笔者也不推荐把大量的原始数据放到区块链上。

其次，区块链不是要颠覆现有技术。作为基于多项已有技术而出现的新事物，区块链与现有技术是一脉相承的，虽然在解决多方合作和可信处理上多走了一步，但并不意味着它将彻底颠覆已有的商业模式。很长一段时间里，区块链的适用场景仍需摸索，与已有系统必然是合作共存的关系。

1.6 区块链与比特币

区块链技术是随着比特币的诞生而出现的，毫无疑问，区块链源自比特币。不过换一个视角，区块链是比特币的核心底层技术，比特币的诸多特性无不源于区块链，因此比特币是构建在区块链上的一种应用，也是当前基于区块链的创新应用中最为成熟、最为成功的应用。

抛开比特币来看，区块链本质是一种特殊的分布式账本技术。分布式账本是由网络节点维护、验证、加密以及审核后的共识记录。区块链是一种实现分布式账本的方法，它在分布式账本的基础上还包含了存储信息的“区块”，并通过在原有链条上产生新的区块来验证交易的有效性。基于这种技术架构，区块链以去中心化的方式集体维护一个可信数据库，提供了一种在不可信环境中进行信息与价值传递交换的机制，具有公开透明、安全可靠、开放共识的特点。

尽管当下区块链概念非常火爆，但区块链并非是一种颠覆式技术，而是多种技术的集成式创新。区块链是分布式网络、数据加密、共识机制、智能合约等技术的一种融合，这些技术早已出现。诞生在 2009 年的区块链技术，是将各项相关技术要素在分布式网络技术上进行集成得以实现的，带来了全新的分布式生产关系协作的可能性，用户节点在这种分布式生产关系协作网络中重新被定义，这应当是区块链最大创新所在。

本章小结

区块链是第一个试图自带信任化和防止篡改的分布式记录系统。它的出现让大家意识到,除了互联网这样的尽力而为的基础设施外,还能打造一个彼此信任的基础设施。类似比特币这样大规模、长时间自治运行的系统,也为区块链技术的应用开启了更多遐想的空间。如果人与人之间的交易无法伪造,合同都能确保可靠执行,这将是技术进步再次给人类发展带来的福利。

不提这种去中心化的金融系统是否能在现实中普及,在跨国交易、跨组织合作日益频繁的今天,已经有了不少有意义的尝试和参考。更进一步,比特币只是基于区块链技术的一种金融应用(而且是直接嵌入区块链中),区块链技术还能带来更通用的计算能力。HyperLedger 和 Ethereum 就试图做类似的尝试,基于区块链再做一层平台层,令基于平台开发应用变得更简单。区块链本身可以作为分布式存储,自然也可以作为分布式计算引擎。可以想象,整个加入集群的设备都是计算引擎,大家通过付费来使用计算力,是不是就有点普适计算的意味了?

有理由相信,随着更多商业应用场景的出现,区块链技术将在未来金融和信息技术领域占据一席之地。

思考及实践题

1. 什么是区块链?区块链与互联网传递的内容有什么不同?
2. 区块链如何分类?
3. 区块链的特点与优势是什么?
4. 区块链与比特币的关系如何?

第 2 章 区块链技术

学习目标

通过本章的学习，读者将能够：

- 了解区块链的商业价值；
- 熟悉关键技术（如密码学技术、分布式共识、处理性能、扩展性、系统安全、数据库和存储系统、可集成性）；
- 理解区块链技术发展趋势。

2.1 概况

任何事物的发展，从来不是一蹴而就的。商贸合作中签订的合同，怎么确保对方能遵守和执行？餐厅宣称刚从海里打捞上来的三文鱼，怎么证明捕捞和运输的卫生？数字世界里，怎么证明你对资产的所有？囚徒困境中的两个人，怎样能达成利益的最大化？宇宙不同文明之间的猜疑链，有没有可能打破？这些看似很难解决的问题，在区块链的世界里已经有了初步的答案。

本章将简要介绍区块链相关的背景知识（包括其起源、定位、涉及的关键技术点以及潜在的商业价值），并对区块链的发展进行展望。

2.2 商业价值

现代商业的典型模式为，交易方通过协商和执行合约完成交易过程。区块链擅长的正是如何管理合约，确保合约的顺利执行。根据类别和应用场景的不同，区块链所体现的特点和价值也不同。

从技术特点上，区块链一般被认为具有以下特征：①分布式容错性。网络极其鲁棒，容错 1/3 左右节点的异常状态。②不可篡改性。一致提交后的数据会一直存在，不可被销毁或修改。③隐私保护性。密码学保证了未经授权者能访问到数据，但无法解析。

随之带来的业务特性将可能包括：①可信任性。区块链技术可以提供天然可信的分布式账本平台，不需要额外第三方中介机构。②降低成本。与传统技术相比，区块链技术可能带来更短的时间，更少的人力和维护成本。③增强安全。区块链技术将有利于安全可靠的审计管理和账目清算，减少犯罪可能性和各种风险。

区块链并非凭空诞生的新技术，更像是技术演化到一定程度突破应用阈值后的产物，因此，其商业应用场景也与催生其出现的环境息息相关。基于区块链技术，任何基于数字交易的活动成本和追踪成本都会降低，并且能提高安全性。笔者认为，能否最终带来成本的降低，将是一项技术能否被深入应用的关键。

所有与信息、价值（包括货币、证券、专利、版权、数字商品、实际物品等）、信用等相关的交换过程，都将可能从区块链技术得到启发或直接受益。但这个过程绝不是一蹴而就的，可能需经过较长时间的探索和论证，如图 2-1 所示。

区块链技术已经得到了众多金融机构和商业公司的关注。已经对区块链技术进行投入或应用的金融机构（排名不分先后）有：Visa、美国纳斯达克证券交易所（Nasdaq）、高盛投资银行（Goldman Sachs）、花旗银行

(Citibank)、美国富国银行(Wells Fargo)、中国人民银行、中国浦发银行、日本三菱日联金融集团、瑞士联合银行、德意志银行、DTCC、全球同业银行金融电讯协会(SWIFT)。部分商业、技术公司包括 IBM、微软、英特尔、思科(Cisco)、埃森哲。

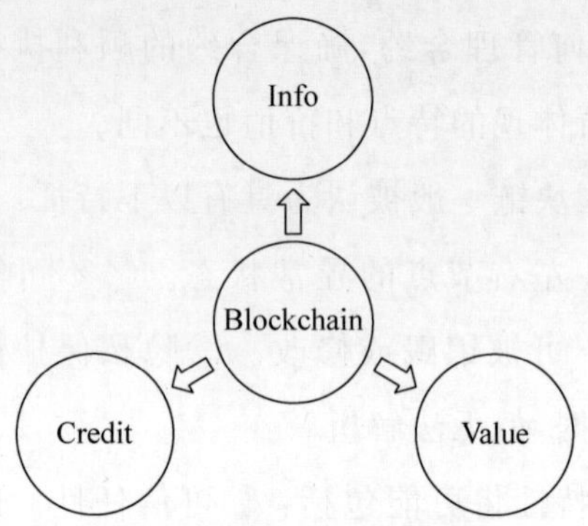

图 2-1 区块链影响的交换过程

2.3 关键技术和挑战

从技术角度讲,区块链涉及的领域比较杂,包括分布式、存储、密码学、心理学、经济学、博弈论、网络协议等,下面列出了目前认为有待解决或改进的关键技术点。

2.3.1 密码学技术

如何防止交易记录被篡改?如何证明交易方的身份?如何保护交易双方的隐私?密码学正是解决这些问题的有效手段。传统方案包括 hash 算法、加解密算法、数字证书和签名(盲签名、环签名)等。区块链技术的应用将可能刺激密码学的进一步发展,包括随机数的产生、安全强度、加解密处理的性能等。量子计算等新技术的出现,让 RSA 算法等已经无法提供足够的安全性。这将依赖于数学科学的进一步发展和新一代计算技术的突破。

2.3.2 分布式共识

分布式共识是个古老的话题,已有大量的研究成果(Paxos、拜占庭等)。其核心在于如何解决某个变更在网络中是一致的,是被大家都承认的,同时这个信息是被确定的、不可推翻的。该问题在公开匿名场景下和带权限管理的场景下需求差异较大。

比特币区块链考虑的是公开匿名场景下的最坏保证。引入了“工作量证明”(Proof of Work)策略来规避少数人恶意破坏数据,并通过概率模型保证最后大家看到的就是合法的最长链。此外,还有以权益为抵押的PoS、DPoS和Casper等。这些算法在思想上都是基于经济利益的博弈,让恶意破坏的参与者损失经济利益,从而保证大部分人的合作。同时,确认必须经过多个区块的生成之后从概率学上进行保证。更广泛的区块链技术支持更多的共识机制,包括经典的拜占庭算法等,可以解决确定性的问题。

共识问题在很长一段时间内都将是极具学术价值的研究热点,核心的指标将包括容错的节点比例和收敛速度。

2.3.3 处理性能

处理性能指如何提高交易的吞吐量,同时降低交易的确认延迟。目前,公开的比特币区块链只能支持平均每秒约7笔的吞吐量,一般认为对于大额交易来说,安全的交易确认时间为一个小时。小额交易只要确认被广播到网络中并带有交易服务费用,即有较大概率被最终打包到区块中。区块链系统跟传统分布式系统不同,其处理性能无法通过单纯增加节点数来进行扩展，很大程度取决于单个节点的处理能力。高性能、安全、稳定、硬件辅助加解密能力，都将是考察节点性能的核心要素。

一方面可以将单个节点采用高性能的处理硬件，同时设计优化的策略和算法，提高性能；另一方面将大量高频的交易放到链外，只用区块链记录最终交易信息，如闪电网络等。类似地，侧链（side chain）、影子链（shadow chain）等的思路在当前阶段也有一定的借鉴意义。类似设计可以很容易地将交易性能提升1～2个数量级。采用联盟链的方式，在一定的信任前提和利益约束下优化设计，也可以换来性能的提升。

开源区块链自身在平台层面已经实现普通配置，单客户端每秒数百次的交易吞吐量（参考后面的性能评测数据），乐观预测将很快突破每秒数千次的基准线，但离现有证券交易系统每秒数万次的峰值还是有较大差距。

工程设计和平台部署也存在一些可以优化的地方。

2.3.4 扩展性

常见的分布式系统，可以通过增加节点来扩展整个系统的处理能力。对于区块链网络系统来说，这个问题并非那么简单。网络中每个参与维护的核心节点都要保持一份完整的存储，并且进行智能合约的处理。因此，整个网络的总存储和计算能力，取决于单个节点。甚至当网络中节点数过多时，可能会因为一致性的达成过程延迟降低整个网络的性能。尤其在公有网络中，由于大量低质量处理节点的存在，问题将更明显。比较直接的一些思路，是放松对每个节点都必须参与完整处理的限制（但至少部分节点要能合作完成完整的处理），这个思路已经在超级账本中启用；同时尽量减少核心层的处理工作。在联盟链模式下，还可以专门采用高性能的节点作为核心节点，用相对较弱的节点作为代理访问节点。

2.3.5 系统安全

区块链目前最热门的应用前景是金融相关的服务，安全自然是讨论最多、挑战最大的话题。区块链在设计上基于现有的、成熟的密码学算法。但这是否就能确保其安全呢？

世界上并没有绝对安全的系统。系统是由人设计的，也是由人来运营的，只要有人参与的系统就容易出现漏洞。著名黑客米特尼克所著的《反欺骗的艺术——世界传奇黑客的经历分享》一书介绍了大量的实际社交工程欺骗场景。

如下几个方面是很难逃避的。

首先是立法。对区块链系统如何进行监管？攻击区块链系统是否属于犯罪？攻击银行系统是要承担后果的。但是目前还没有任何法律保护区块链以及基于它的实现。其次是软件实现的潜在漏洞是无法避免的。对于金融系统来说，无论客户端还是平台端，即便是很小的漏洞都可能造成难以估计的损失。

另外，公有区块链所有交易记录都是公开可见的，这正是研究大数据的人所希望的。确实，这里面能分析的东西还真不少，而且规模够大、影响力够大。已有文献证明，比特币区块链的交易记录最终是能追踪到用户的。作为一套完全的分布式系统，公有的区块链缺乏有效的调整机制，一旦运行起来，出现问题也难以修正。即使是让它变得更公平、更完善的修改，只要有部分既得利益者联合起来反对，就无法加入进去。这让比特币本身的价值也蒙上了一层阴影。

此外，运行在区块链上的智能合约应用五花八门，必须要有办法进行安全管控，在注册和运行前需要有机制进行探测，以规避恶意代码的破坏。

2016 年 6 月 17 日，发生 DAO 系统漏洞被利用事件，直接导致价值 6000 万美元的数字货币被利用者获取。尽管对于这件事情的反思还在进行中，但事实再次证明，基于区块链技术进行生产应用时，务必要细心谨慎地进行设计和验证。

2.3.6 数据库和存储系统

区块链网络中的块信息需要写到数据库中进行存储。观察区块链的应用，大量的写操作、hash 计算和验证操作，都和传统数据库的行为十分不同。当年，人们观察到互联网应用大量非事务性的查询操作，因而设计了非关系型（NoSQL）数据库。那么，针对区块链应用的这些特点，是否可以设计出一些特殊的、有针对性的数据库呢？LevelDB、RocksDB 等键-值对数据库，具备很高的随机写和顺序读写性能，以及相对较差随机读的性能，被广泛应用到了区块链信息存储中。但目前来看，面向区块链的数据库技术仍然是需要突破的技术难点之一。

本书认为，未来将可能出现更具针对性的“块数据库”（BlockDB），专门服务类似区块链这样的新型数据业务，其中每条记录将包括一个完整的区块信息，并天然地跟历史信息进行关联，一旦写入确认无法修改，所有操作的最小单位将是一个块。

2.3.7 可集成性

在相当长的一段时间内，基于区块链的新业务系统将与已有的中心化系统共存。两种系统如何共存，如何分工，彼此的业务交易如何进行传递，这些都是很迫切的问题。这个问题解决不好，将是区块链技术落地的很大阻碍。

2.3.8 其他

区块链提供的新应用和新的业务场景，也带来了很多具体的运营问题。

例如，智能合约的合法性、安全性和可执行性；如何将现实中的合约和条约对应为电子合约；分布式系统的伸缩可靠性和数据迁移；对存储系统新的挑战，特别是性能方面。

2.4　区块链技术发展趋势

区块链技术尚未成熟，基础设施不完善的状况致使应用受到局限，整体应用还处于一个非常早期的阶段。如共识算法等区块链的核心技术尚存在优化和完善的空间，区块链处理效率尚难以达到现实中一些高频度应用环境的要求，不能满足高频次和复杂的商用计算。此外，其他配套的基础设施（如存储、隐私保护等），也并没有表现出比传统中心化解决方案更优越的性能。总体而言，区块链技术成熟度暂时还无法支撑大规模商用。

从区块链的技术组成来看，其可扩展性、去中心化、安全性这三个特点难以在同一时间取得优化、最佳，必须以牺牲其中若干因素去换取另外一个领域的提升。基于金融等商用场景对实时、高并发、高吞吐、安全等维度的实际需求，去中心化在一定程度上会做出牺牲，可扩展性与安全性将是区块链应用备受关注的关键性能指标。

在区块链技术发展趋势方面，本书认为：

（1）弱中心化的联盟链会是企业级区块链应用的主流方向。与公有链不同，联盟链只允许预设的节点进行记账，加入的节点都需要经过授权，这种区块链技术实质上是在确保安全和效率的基础上进行的“部分去中心化”或“多中心化”的妥协。企业级应用更关注区块链的管控、监管合规、性能、安全等因素，因此联盟链相对强管理的部署模式，更适合企业级应用落地。

（2）可扩展性将是驱动区块链技术持续演进的关键因素。要实现规模化的企业级应用，区块链技术需要克服信息查询验证慢、单节点存储空间小、并发处理效率低等问题。未来，共识算法、服务分片、处理方式、组织形式等技术环节都将成为区块链技术攻克的重点。专注于扩展区块链主链应用范围与创新空间的侧链技术将迎来较大发展。

(3) 安全性将是金融等商业场景的区块链应用基础。从数学原理上讲，区块链技术是较为完美的，具有公开透明、难以篡改、可靠加密、防 DDoS 攻击等优点。但从工程角度来看，它的安全性仍然受到基础设施、系统设计、操作管理、隐私保护和技术更新迭代等多方面制约。未来需要从技术和管理上全局考虑，加强基础研究和整体防护，才能确保应用安全。

区块链在数字货币领域(以比特币为代表)的应用已经相对成熟，而在智能合约方向尚处于初步实践阶段。区块链技术的应用已经在许多领域都带来了生产力提升，随着技术进一步的发展，区块链将会促进金融和信息科技走向新的阶段。

本章小结

区块链技术能够保证在分布式、不可信的网络环境中，所有节点通过一定的共识算法，对账本达成一致。区块链之所以被称为“链”，是因为每个区块(block)都以特定密码学的方式链接到前一个区块。一般而言，区块链最开始的区块被称为“创世区块”(genesis block)，而区块中存储的内容主要包括每段时间网络中产生的交易(transaction)。

区块链是一种由不同信息数据节点共同参与的分布式数据系统，属于开放式账本系统。它是由一连串的数字密码组成的数据块，并对每一部分的数据块“盖”时间戳，从而得到一个唯一加密数值，通过生成一连串密码进行首尾相接，进而形成链状形式。在交易双方信息不对称的情况下，区块链技术的应用可以实现不需要第三方机构担保即可获得信用证明。在市场中任何交易组织或个人都可以作为区块链中的一个节点参与并创造信任机制，但是所建的节点必须全网公示，人人可见。

思考与实践题

1. 区块链有哪些技术特点和业务特性?

2. 区块链通过什么技术防止交易记录被篡改?如何证明交易双方的身份?如何保护交易双方的隐私?

3. 区块链通过什么技术解决某个变更在网络中是一致的、被大家都承认的,同时这个信息是被确定的、不可推翻的?

4. 区块链技术发展趋势如何?请举例分析。

第3章　区块链的发展及应用领域

学习目标

通过本章的学习，读者将能够：

- 理解全球应用较多的行业的区块链平台；
- 熟悉中国的区块链产业联盟；
- 了解区块链的应用领域；
- 了解区块链应用与金融领域的结合点；
- 了解区块链对金融体系产生的潜在影响。

自2009年比特币出现以来，区块链在不同的领域取得了长足进步，越来越多的机构认识到区块链带来的冲击，并且积极拥抱技术进步，改变传统的业务内核，提高了整体的效率。

3.1　区块链的发展动态

以比特币为代表的公有链，由于其使用对象的不明确性，限制了其应用的场景，因此出现了越来越多的联盟链，即各个行业内部不断出现为了解决自身行业问题的区块链。

类似的区块链合作组织如表3-1所示。目前全球应用较多的行业区块链平台有三个：一是超级账本，它主要是建立分布式账本的标准化；二是R3区块链联盟，主要是银行类的金融机构构建的金融服务领域的行业标准，方便银行的清算结算交易；三是Ripple平台，是现有金融机构跨境交易支付结算的区块链平台，可以有效提升结算效率，降低跨境支付的成本。中国目前主要有三个重要联盟，一是中关村区块链产业联盟，二是中国分布式总账基础协议联盟(ChinaLedger 联盟)，三是金融区块链合作联盟。

表 3-1　部分区块链合作组织

地区	项　目	项目介绍	参与方
全球	超级账本(HyperLedger)	共建开放平台，满足来自多个不同行业各种用户案例，并简化业务流程，通过创建分布式账本的公开标准，实现虚拟和数字形式的价值交换	埃森哲，澳新银行，第一信贷，德意志交易所，富士通，英特尔，摩根大通，伦敦证券交易所，富国银行等 192 家机构
	R3 区块链联盟	建立金融服务领域的区块链行业标准	富国银行、美国银行、纽约梅隆银行、花旗银行、德国商业银行、德意志银行、汇丰银行、三菱 UFJ 金融集团、摩根士丹利、澳大利亚国民银行、加拿大皇家银行、瑞典北欧斯安银行(SEB)、法国兴业银行等在内的 100 余家金融机构
	瑞波(Ripple)	一个开放的支付网络，主要用于货币兑换和汇款；网络内使用的 XRP 币是一种 Ripple 内的原生货币。Ripple 通过瑞波网关连接银行、支付系统、数字货币交易所和企业，为全球汇款提供一个低成本、快捷的支付体验	包括汇丰银行在内的众多国际银行
日本	区块链协作联盟(BCCC)	联盟的发行愿景是为“信息系统在每个行业的演变”推动区块链创新，同时为公众提供有关区块链技术的研发和投资的教育	微软、三井住友、普华永道、Bitbank 等 187 家各行业公司、金融机构和技术服务公司

续表

地区	项　目	项目介绍	参　与　方
俄罗斯	俄罗斯区块链联盟	主要目标是发展区块链概念验证；进行合作研究和政策宣传；创建区块链技术的共同标准	支付公司QIWI、B&N银行、汉特-曼西斯克银行、盛宝银行、莫斯科商业世界银行以及埃森哲咨询公司等
中国	中关村区块链产业联盟	专注网络空间基础设施创新	清华大学、北京邮电大学等高校,中国通信学会、中国联通研究院等运营商,集佳、布比网络等67家机构
	中国分布式总账基础协议联盟(ChinaLedger联盟)	开发研究分布式总账系统及其衍生技术,其基础代码将用于开源共享。4个目标：①聚焦区块链资产端应用,兼顾资金端探索；②构建满足共性需求的基础分布式账本；③精选落地场景,开发针对性解决方案；④基础代码开源,解决方案在成员间共享	中证机构间报价系统股份有限公司、浙江股权交易中心、深圳招银前海金融资产交易中心、乐视金融、万向区块链实验室等
	金融区块链合作联盟	整合及协调金融区块链技术研究资源,形成金融区块链技术研究和应用研究的合力与协调机制,提高成员在区块链技术领域的研发能力,探索、研发、实现适用于金融机构的金融联盟区块链,以及在此基础之上的应用场景	华安财险、华为、前海股转、前海人寿、腾讯、山东城商行合作联盟等90余家机构

资料来源：中金公司.《区块链：颠覆者还是乌托邦》,2018,笔者整理添加相关资料。

从行业角度来看,一批行业联盟正在建立起来,通过打造区块链的技术、政策、应用的交流平台,推动国内区块链技术的研究和项目落地。2015年12月,区块链研究联盟、区块链应用研究中心成立。2016年1月,全球共享金融百人论坛在北京宣布成立“中国区块链研究联盟”；2月，中关村区块链产业联盟成立；4月，中国分布式总账基础协议联盟(ChinaLedger)宣布成立。

从企业角度来看，从2015年开始，国内陆续涌现了很多区块链技术相关的创业公司。据 Blockchain Angeles 不完全统计，全球先后设立1175家区块链创业公司，主要集中在美国、欧洲及中国等少数国家或地区。据腾讯研究院统计，中国共有区块链创业公司及研究机构近百家，主要分布在北京、上海、杭州、深圳等经济发达地区，创业企业应用主要集中在区块链的底层基础架构、数字资产流通、资产鉴证证明、物流、供应链等领域。

3.2 区块链的应用领域

王元地等人在现有文献的基础上概括归纳了区块链的应用领域，如表3-2所示。鲸准研究院的划分标准是按照三层产业，即底层技术及基础设施层，通用应用及技术扩展层和垂直行业应用层。他们把基础协议、匿名技术和区块链硬件归于第一层，智能合约、信息服务、数据服务、防伪溯源等归于第二层，第三层中列举了十余个行业，包括金融、数字货币、娱乐等。

表3-2 区块链应用领域

应用范围	项目
金融领域	数字货币、征信系统、支付与清算、证券、私募、众筹等
教育领域	档案管理、学生征信、学历证明、成绩证明、产学合作等
医疗领域	数字病历、隐私保护、健康管理、药品溯源等
物联网领域	物品溯源、物品防伪、物品认证、网络安全、网络效率、网络可靠性
物流供应链领域	信证信息安全、收寄件人的隐私、物品的溯源防伪问题

续表

应用范围	项目
通信领域	社交、信息系统、确保信息安全
社会公益领域	增加公益透明度和公信力；智能合约技术（定向捐赠、分批捐赠、有条件捐赠）
政务领域	户口身份登记、投票选举、公正信用、档案管理、工商注册、产权登记
法律领域	版权保护、证据保全、智能合同
其他领域	人工智能、P2P 借贷、审计、大数据、共享经济、投票、拍卖、游戏、彩票等领域

资料来源：主要引用自王元地、李粒、胡谍的《区块链研究综述》，笔者整理添加部分内容。

区块链应用领域的创业公司中，金融服务类公司占比达 55.43%，企业服务、防伪存证和知识产权类公司分别占比 12.73%、7.49%和 5.62%。从现有的文献可以看到，国内一些学者已经注意到区块链技术的不同应用领域，胥月和马小峰(2016)将区块链技术应用于综合评价体系研究，利用区块链所具有的优势针对学生行为构建了一个可行的系统框架和结构。吕芙蓉和陈莎(2016)从农产品质量安全问题出发，以区块链技术作为安全追溯体系的构建基础，提出了不同于公共区块链的联盟区块链组织形式，从而能够充分利用集体智慧和多中心化的优势。毕瑞祥(2016)认为，当前区块链技术正逐步应用于电子政务等公共管理领域，这是因为其能够被公众广泛监督。此外，区块链技术可以保证信息的透明度，保障社会对公共信息掌握的及时性，且其信息登记不可随意改动的特点能够确保管理制度的有效实施。李彬等(2018)基于区块链技术搭建了一个电力系统上的供需平台，实现了供给侧和需求侧的良性平衡，并且增强了用户与服务提供商之间的互动体验。

能源领域的应用在德国已经实现，德国电力供应商 Eon 与其他合作伙伴一起发起了“Enerchain 行动”，有 33 家公司加入并创立了欧洲分散式能源交易市场。Eon 和意大利电力公司 Enel 的电力交易可通过区块链技术在几秒钟内直接办理完成，且不需要中间代理商，从而可降低电力的采购成本。澳大利亚区块链创业公司 E-Nome Pty 开发出了一个基于区块链的医疗记录管理平台，它可以让个人在智能手机上查看自己的健康记录，并具有严密的安全性和隐私性。通过 E-Nome 区块链平台，医疗记录将被自动检索、匿名，并直接存储在卫生服务提供者的电子医疗记录（EMR）系统中，不需要冒任何风险。澳大利亚医学研究所 Garvan 和 E-Nome Pty 将评估 E-Nome 区块链平台在基因组信息安全存储方面的潜力，以及 Garvan 六大研究部门研究数据的收集和管理。

3.3　区块链在金融领域应用的整体分析

技术驱动金融服务产业转型升级的作用日趋明显，以技术创新引领的金融服务模式变革趋势仍将持续。如何将前沿技术与各类金融服务场景深度整合，使技术创新发挥最大价值，已成为全球金融科技产业的重要研究课题。业界普遍认为，区块链技术有望进一步提升金融交易透明度、强化系统操作弹性、实现流程自动化，进而对金融业务的记录保存、会计核算和支付结算方式产生影响。研究分析区块链技术在金融领域应用的整体情况与典型特征，有助于客观判断其发展现状、趋势及潜在影响。

3.3.1　区块链在金融领域应用的整体形势

据七麦数据报告显示（如图 3-1 所示），在我国全部区块链创业项目中，金融类占比最高，达到 42.72%，企业服务类占比达 39.18%，这两类项目共计占比高达 81.44%。在金融领域内，区块链技术在加密代币、支付清算、供应链金融、证券、保险等细分领域得到落地应用。

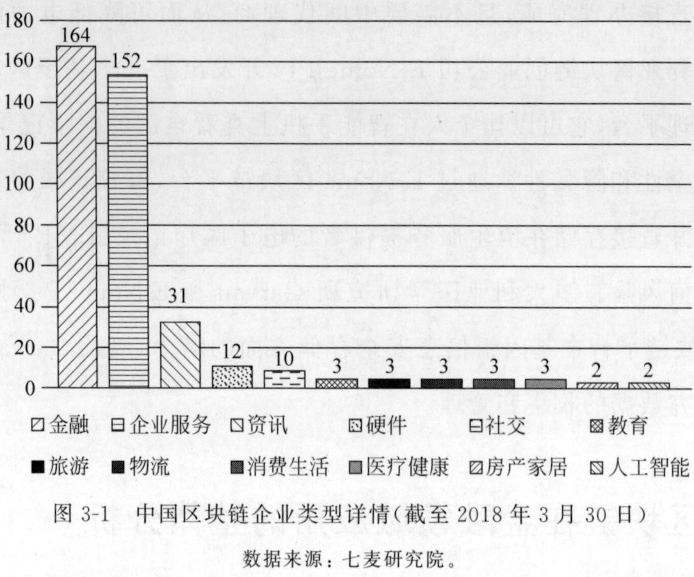

图 3-1　中国区块链企业类型详情(截至 2018 年 3 月 30 日)

数据来源：七麦研究院。

3.3.2　区块链应用与金融领域的结合点

在金融市场中流通的资金以及金融工具,都与线下实体资产有一定的对应关系,是实体资产的权益。围绕金融资产权益,金融业务主要有三个关键环节,如图 3-2 所示。

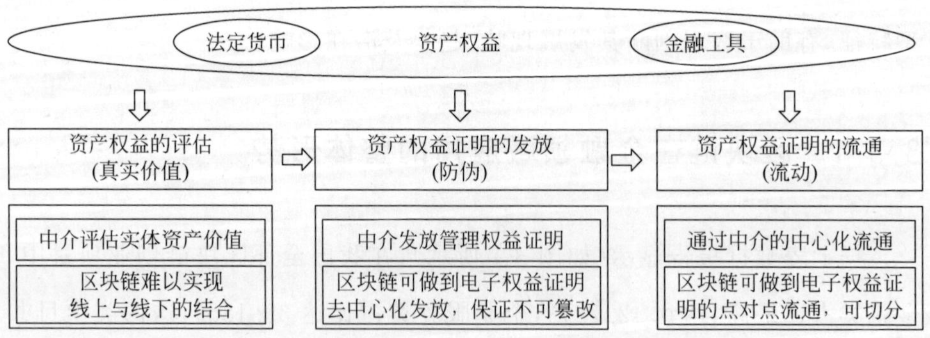

图 3-2　金融资产权益的三个关键环节

第一个环节，资产权益的评估。这个环节需要金融中介来对线下实体资产确定其价值，从而明确资产权益的真实价值。第二个环节，资产权益证明的发放。确定资产相应的价值之后，会给相应的金融参与者一个金融资产权益的证明，如股权证明书均由中介发放管理。第三个环节，资产权益证明的流通。金融参与者持有资产权益证明，能够在金融过程中寻找其他参与者，对接他们的融资需求，一般的金融工具都是基于中介的流通化方式。

从金融资产权益的这三个环节切入，进一步分析区块链能发挥的作用。在第一个环节中，区块链难以做到线上数据与线下实体资产的完全真实匹配，暂时不能代替金融中介去评估一个实体金融资产价值。第二个环节主要针对资产权益证明本身文件实现防伪，区块链可以做到电子权益证明去中心化发放，并且保证不可篡改。第三个环节反映金融工具的流动性，区块链可实现资产权益证明的点对点流通，并可以再切分，有助于提升资产流动性。

综合这三个环节，现阶段区块链可以用于资产权益证明的发放管理和流通环节，但是难以参与线下的权益评估。金融领域中的中介有着非常重要的作用，可以提供评估、风控、增值等服务。在历史上，金融中介的出现和存在是为了解决金融交易中的信息不对称、匹配效率和成本、风险控制等问题，金融中介是否会随着技术发展而消失，需要考虑新技术及相关制度是否能解决上述基本问题。

区块链本身技术架构就是能够对链内所产生的数据进行有效管理和追踪，对于链外或线下资产，或者链外能够导入到链内的数据，本身并不能进行有效管理，现阶段无法验证真实性及价值。在资产权益证明的发放管理与流通环节，区块链可充分发挥自身低成本建立连接、点对点流通的特性，有助于降低金融业务复杂度，增强金融工具的流动性，提升金融业务效率。

3.3.3 区块链对金融体系产生的潜在影响

分析区块链在金融领域的应用，应先从金融体系宏观层面考虑。从现行金融体系架构着手，分析区块链对金融体系每个构成要素的具体影响，研判区块链在金融领域应用的整体趋势。

金融体系包含货币发行流通、金融工具、金融市场、金融中介、制度与调控机制等构成要素。从这几个核心构成要素来看，基于在金融资产权益证明发放与流通中的应用，区块链将通过“一升一降三创新”，为金融体系带来潜在积极的影响，如图 3-3 所示。

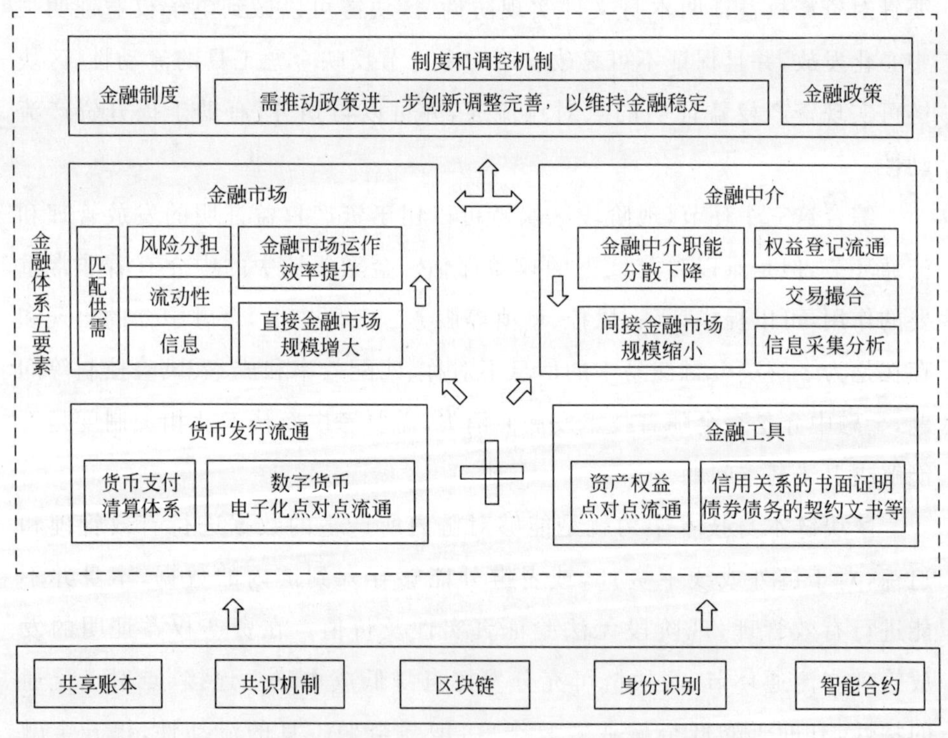

图 3-3 区块链为金融体系带来潜在的积极影响

从实际应用情况来看,区块链应用最早且应用最多的金融范畴就是加密数字代币。以比特币为代表的加密数字代币基于区块链创新地实现了资产权益的远程点对点流通,逐步激发人们对于区块链在货币发行流通中应用的探讨,这是第一个“创新”。

金融工具,也可以称为金融资产,是作为储蓄者与借款者进行资金转移的重要手段,区块链可创新地实现金融资产权益的高效点对点登记流通,这是第二个“创新”。

基于区块链对加密数字代币以及金融资产权益实现电子化、点对点流通的创新应用,能增强金融过程中的投资者与借款者之间的点对点关联,继而提升金融市场的整体运作效率,使得直接金融市场的规模增大,即“一升”。在这个过程中可能带来金融中介职能的下降、聚焦和转变,今后金融中介职能主要会针对实现投资者与借款者的交易撮合、信息采集分析等最重要的功能,即“一降”。

区块链对金融市场与金融中介带来一升一降的影响,继而可能推动金融制度与调控机制的创新调整与完善,从而在这一大机遇背景下维持货币稳定与金融稳定,即第三个“创新”。

本章小结

未来中国区块链的市场规模将有巨大的空间。2016 年起,国内相继成立研究联盟,大多数金融机构迈出了探索区块链的第一步。随着区块链领域的持续升温,2017 年区块链应用落地将进一步加速。同时,中国企业投资海外区块链公司成为趋势,国内公司积极绑定全球资源,形成正反馈效应,带动整个行业发展。从整体来看,无论从技术标准还是应用场景落地,中国在区块链领域的创新创业活动异常活跃,有望抢占先机。

思考与实践题

1. 全球应用较多的行业区块链平台有哪些？
2. 举例介绍区块链合作组织。
3. 举例介绍区块链的应用领域。
4. 区块链应用与金融领域的结合点是什么？
5. 区块链对金融体系产生的潜在影响？

第 4 章　应用场景分析

学习目标

通过本章的学习，读者将能够：

- 熟悉区块链在金融服务领域跨境支付、保险理赔、证券交易、票据等方面的典型应用；熟悉区块链在征信和权属管理领域征信管理，权属管理等方面的典型应用；
- 理解在银行金融管理领域开展的区块链研究；
- 了解区块链在物联网、电商平台、大数据共享、物流供应链、公共网络服务、公益慈善领域的应用；
- 熟悉区块链在公共服务领域文化、教育、产权登记、医疗健康等方面的典型应用，熟悉区块链在资源共享领域短租共享、社区能源共享方面的应用；
- 熟悉区块链在投资管理领域跨境贸易、一带一路、众筹投资方面的应用。

应用为王。一项技术能否最终存活下来，有很多决定因素，但其中关键的便是是否能找到合适的应用场景。区块链最近几年炒得很热，国内已有大量与之相关的企业，有些企业已经结合已有业务摸索出了自己的应用场景，但仍有不少企业处于不断试探和迷惑状态。要找到合适的应用场景，还是要从区块链自身的特性出发进行分析。区块链在不引入第三方中介机构的前提下，可以提供去中心化、不可篡改、安全可靠等特性保证。因此，所有直接或间接依赖第三方担保信任机构的活动，均可能从区块链技术中获益。

未来可能深入应用区块链的场景包括：①金融服务。主要是降低交易成本，减少跨组织交易风险等。该领域的区块链应用将最先成熟起来，银行和金融交易机构将是主力推动者。②征信和权属管理。这是大型社交平台和保险公司都梦寐以求的，目前还缺乏足够的数据来源、可靠的平台支持和有效的数据分析和管理。该领域创业的门槛极高，需要自上而下地推动。③资源共享。以 Airbnb 为代表的公司将欢迎这类应用，极大降低管理成本。这个领域创业门槛低，主题集中，会受到投资热捧。④投资管理。无论公募还是私募基金，都可以应用区块链技术降低管理成本和管控风险。虽然有 DAO 这样的试水，但该领域的需求还未成熟。⑤物联网与供应链。物联网是很适合的一个领域，短期内会有大量应用出现，特别是租赁、物流等特定场景。但物联网自身的发展局限将导致短期内较难出现规模应用。短期内部分场景可能还难以实现，但区块链技术的正确应用会促进这些行业的进一步发展。

4.1 金融服务

自有人类社会以来，金融交易就是必不可少的经济活动。交易角色和内容的不同，反映的是不同的生产关系。通过交易，可以优化社会的效率，实现价值的最大化。人类社会的发展，离不开交易形式的演变，可见交易在人类社会中的重要地位。

交易本质上交换的是价值的所属权。现在为了完成交易(例如房屋、车辆的所属权)，往往需要一些中间环节，特别是中介担保角色。这是因为，交易双方往往存在着不充分信任的情况，要证实价值所属权并不容易，而且往往彼此的价值不能直接进行交换。合理的中介担保，确保了交易的正常运行，提高了经济活动的效率，但已有的第三方中介机制往往存在成本高、时间周期长、流程复杂、容易出错等缺点。因此，金融服务成为区块链最为火热的应用领域之一。

金融服务产业是全球经济发展的动力，也是中心化程度最高的产业之一。金融市场中交易双方的信息不对称导致无法建立有效的信用机制，产业链条中存在大量中心化的信用中介和信息中介，减缓了系统运转效率，增加了资金往来成本。

区块链技术公开、不可篡改的属性，为去中心化的信任机制提供了可能，具备改变金融基础架构的潜力，各类金融资产（如股权、债券、票据、仓单、基金份额等）均可被整合进区块链账本中，成为链上的数字资产，在区块链上进行存储、转移、交易。其在金融领域的应用前景广阔，区块链技术可以为金融服务提供有效可靠的所属权证明和相当强的中介担保机制，在跨境支付、保险理赔、证券交易、票据等方面已有典型应用。

4.1.1 跨境支付

1. 跨境支付业务发展现状

随着全球一体化进程的不断加快，跨境贸易规模持续增大，跨境支付的交易量也在不断攀升。埃森哲研究显示，每年通过银行进行的跨境支付交易有100亿～150亿笔，规模为25万亿～30万亿美元。

以目前跨境支付采用的SWIFT（Society for Worldwide Interbank Financial Telecommunication，环球同业银行金融电讯协会）模式为例。SWIFT成立于1973年，主要业务是以可靠的方式交换标准化的金融报文帮助用户安全地通信，目前报文传送平台、产品和服务已对接全球超过11000家银行、证券机构和企业用户，覆盖200多个国家或地区。SWIFT建立了统一的账户的表达方式，加入SWIFT的机构都会有自己的身份代码，它又被称为银行识别码（Bank Identifier Code，BIC）。每个SWIFT成员机构也会有统一的客户账户的表达标准，即国际银行账户号码（International

Bank Account Number,IBAN)。通过 SWIFT 网络进行跨境支付交易时,收付款银行需同为 SWIFT 会员机构,若有一方不是 SWIFT 会员,则需要借助第三方 SWIFT 会员代理银行完成支付交易。

在目前的跨境支付流程中,每笔交易都需要在多家机构间进行传送,存在中间费用高、支付效率低、会员门槛高、中心化安全隐患等问题。①支付中间费用高。传统跨境支付模式有四块成本:支付处理成本、接收费用、财务运营成本和对账成本。麦肯锡报告显示,银行使用代理银行完成一笔跨境支付的平均成本为 25~35 美元,该成本是使用自动票据交换所(Automatic Clearing House,ACH)完成一笔国内清结算支付成本的 10 倍以上。②支付效率低。传统跨境支付模式流程复杂,例如跨境汇款流程会涉及国内汇款行、境外清算系统、境外收款银行。③会员制进入门槛高。传统跨境支付模式中,并不是所有银行都能加入 SWIFT,非会员银行开展跨境支付业务只能通过中间代理银行开展,造成不便。④中心化存在安全风险。SWIFT 系统持续被攻击,造成的损失也越来越大。孟加拉国、厄瓜多尔、越南、菲律宾等多个国家的银行陆续曝出曾经遭遇黑客攻击并试图窃取金钱事件,这些事件中黑客都瞄准 SWIFT 银行间转账系统,对相关银行实施攻击和窃取。

2. 区块链在跨境支付领域的优势

区块链在跨境支付的应用主要体现在,通过一种金融交易的标准协议,实现全世界的银行、企业或个人互相进行点对点金融交易,不需要类似 SWIFT 的中心管理者,直接实现跨国跨币种的支付交易。基于区块链的跨境支付实际上是用比特币或 Ripple 币等虚拟货币做中介来实现跨境支付。具体而言,系统会将代币/数字资产作为中介,先把汇款人所在地的法币转换为代币/数字资产,再在收款端把代币转换为收款人所在地的法币,以此完成跨境支付,如 Ripple 在跨境资产中使用的数字资产是 XRP,OKLink 使用的是 OKD,SnapCard 使用的是比特币。

相较于传统的跨境支付模式，基于区块链的跨境支付模式有以下优势。

(1) 效率更高。传统跨境支付模式中银行会在日终对支付交易进行批量处理，银行间需要进行人工对账，通常一笔跨境支付需要至少24小时才能完成。而基于区块链的跨境支付接近于实时，并且是自动的，它可以7×24小时不间断服务。汇款方可以很快知道收款方是否已经收到款，从而了解这笔支付是否出现了延迟或者其他问题。全球第一笔基于区块链的银行间跨境汇款在传统支付模式中需要2～6个工作日，但使用了Ripple的技术，8秒之内即完成了交易。

(2) 成本更低。麦肯锡报告称区块链技术在B2B跨境支付与结算业务中的应用将使每笔交易成本从约26美元下降到15美元，其中约75%为中转银行的支付网络维护费用，25%为合规、差错调查以及外汇汇兑成本。Ripple称基于区块链的跨境支付应用能将支付处理成本降低81%，通过更少的流动性成本和更低的交易对方风险将财务运营成本降低23%，通过即时确认和实时进行流动性监控将对账成本降低60%。

(3) 降低了跨境支付参与方的门槛。传统跨境支付模式中，并不是所有银行都能加入SWIFT，而且加入SWIFT的经济性有待商榷。基于区块链的支付模式则更为平等，无论大小银行、大小金融机构，都能成为平等交易的主体，这种平等对接的实现仰仗的是所有使用区块链技术的机构对区块链技术的信任。

3. 应用探索

Ripple是跨境支付区块链应用最早也是最成熟的解决方案。Ripple由Ripple实验室(Ripple Labs Inc.)于2012年开发，是一个开源的用于金融交易结算的互联网协议。Ripple通过RippleNet连接银行、支付服务供应商、数字化货币交易平台和企业，使用数字货币XRP为全球支付提供流畅体验。RippleNet作为Ripple的核心，是一个共享的公开数据库，数据库中记录着账号和结余的总账，任何用户都可以阅读这些总账，也可读取

RippleNet 中所有交易活动的记录。RippleNet 中所有节点通过共识机制修改总账，且可以在几秒之内达成共识。Ripple 的用户进行交易转账时有两种模式可供选择：网关模式与 XRP 模式。网关是法定货币进出 RippleNet 的关口，任何可以访问 RippleNet 的商家都可以成为网关。用户进行外汇交易时，不必通过中间人或货币兑换所，RippleNet 会找到最有效的途径来撮合交易，也没有最低数额的限制。XRP 是 Ripple 在 RippleNet 中发行流通的数字货币。如果两个交易对手间没有公用的货币及其相应的网关组合，那么就可使用 XRP 作为媒介货币。在 XRP 的使用客户中，银行可按需获得实时流动性而不需要在银行往来账户中预存款项，支付服务提供商可使用 XRP 降低汇兑成本，提供更快的支付结算服务。截至 2017 年底，Ripple 已经实现横跨 27 个国家的实时全球支付，全球知名银行中不少都在参与 Ripple 的技术测试与相关合作。

Visa 和 Chain 共同开发基于区块链的 Visa B2B Connect。Visa B2B 可以实现企业之间的数额巨大且过程复杂的跨境支付，资金实时转移，加快交易速度，减少了在付款失败的情况下所需的复杂法律协议的环节。该系统可能最终会和区块链初创公司（如 R3 和 Ripple）开发的产品展开竞争，同时也可能会与部分银行内部的跨境支付项目展开竞争。Visa 已经在数千家银行安装了网络，并在全球约 30 家银行运营了 B2B Connect 原型。

OKCoin 币行于 2016 年推出了从跨境支付服务切入的新一代全球金融网络 OKLink38，基于区块链连通网络中各个汇款和收款账户，让汇款公司和收款公司直接进行支付、结算，省掉了所有中间环节费用，包括 OKLink 和收款公司的所有费用，整个网络只在中间汇率基础上收取不超过 0.5%的费用，极大地节省了中小企业在小额跨境汇款中的成本。并且，OKLink 网络中的每个账户能够实现交易信息的一致同步，借记和贷记同时完成，达成最理想交易状态“交易及结算”，10 分钟之内即可完成包括支付、汇率换算、结算在内的所有汇款过程，相较于传统跨境汇款流程中平均等待三四个工作日可以说是飞跃式的发展。目前,OKLink 网络已有遍及全球的数百家合作方加入,覆盖超过数十个国家和地区。

分布式账本项目 Stellar.org,可用于建立数字货币和法定货币之间传输的去中心化网关,其最重要的应用方向是建立开放的全球支付体系。在 Stellar 进行跨境支付的原理与其他分布式账本的原理类似,不过 Stellar 不局限于银行间结算,更主张多样化的用户和场景,如跨国企业财务管理、手机钱包转账、个人/企业汇款等。Stellar.org 覆盖了包括菲律宾、印尼、新加坡、中国、尼日利亚、加纳、印度、荷兰、法国、德国等。同样是分布式账本,Ripple 主要服务于银行间清结算,而 Stellar 服务于机构间清结算,Stellar 的服务可以在小公司得到更好的实践。

SWIFTgpi 是 SWIFT 为应对互联网企业、区块链等新兴支付机构和新技术的挑战,牵头全球主流银行启动的重要跨境支付改革。自 2017 年 1 月上线以来,已有超过 160 家金融机构签约加入该项服务,每天使用 gpi 支付的资金超过一亿美元。作为 SWIFT gpi 路线图技术评估的一部分,SWIFT 于 2017 年初启动区块链的概念验证(POC),以确定该项新技术可否用于跨境支付的银行账户实时对账环节,即资金和汇款信息同步到达,从而降低成本和运营风险。2018 年 3 月,SWIFT 发布区块链概念验证的认证结果,认为银行可以使用分布式账本进行实时交易。基于超级账本 HyperLedger Fabric,SWIFT 试运行项目重点验证了银行往来账,以及银行在其他银行中持有账户的交易处理,设想了一些“多对多”的银行转账交易场景,还特别检查了在处理往来账调配流程时,区块链系统是如何满足有关管理、安全和数据隐私要求的。

4.1.2 保险理赔

保险机构是传统保险业务的核心,负责资金归集、投资、理赔,往往管理和运营成本较高。通过智能合约的应用,既不需要投保人申请,也不需要保险公司批准，只要触发理赔条件，实现保单自动理赔，支付理赔金额。区块链上数据真实、难以篡改的特点，可有效简化保单理赔处理流程，降低处理成本，降低索赔欺诈的概率。此外，通过区块链技术，实现个人数据的数字化管理，简化信息认证，有助于更为清晰地披露历史情况。典型的应用案例是 LenderBot，2016 年由区块链企业 Stratumn、德勤（Deloitte）与支付服务商 Lemonway 合作推出，它允许人们通过 Facebook Messenger 的聊天功能注册定制化的微保险产品，为个人之间交换的高价值物品进行投保，而区块链在贷款合同中代替了第三方角色。

4.1.3 证券交易

典型的证券交易包括交易执行和确认环节。交易本身相对简单，主要是由交易系统（极为复杂的软硬件系统）完成电子数据库中内容的变更。中心的验证系统极为复杂和昂贵；交易指令执行后的结算和清算环节也十分复杂，往往需要较多人力成本和大量的时间，并且容易出错。目前来看，基于区块链的处理系统还难以实现海量交易系统所需要的性能（每秒一万笔以上成交，日处理能力超过五千万笔委托、三千万笔成交）。但在交易的审核和清算环节，区块链技术存在诸多的优势，可以避免人工的参与。传统证券业务需中介机构深度参与，才能有效完成股票发行与交易。将股权整合进区块链中，成为数字资产，可实现不通过中介机构，直接发起交易。资产发行可根据需要，采取保密或公开方式进行。股票资产交易通过区块链代码表达相关各方一致达成的合约，实现合约的自动执行，保证相关合约只在交易对手间可见，而对无关第三方保密。此外，通过相应机制确保证券发行和交易符合监管要求和框架，进一步降低监管合规成本。

典型的应用案例是 Linq 私募股权交易平台，由纳斯达克与区块链企业 Chain 合作，于 2016 年 1 月上线，促进私人股权以一种全新的方式进行转让和出售。通过 Linq 平台私募的股票发行者享有数字化所有权，同时 Linq 平台能够极大缩减结算时间，降低资金成本和系统性风险。传统发行和申购材料所需的审批流程也进一步得到简化，可提高交易和管理效率。交易方身份、交易量等信息被实时记录在区块链上，有利于证券发行者提高决策效率；公开透明、可追踪的系统有利于证券发行者和监管部门进行市场维护，减少暗箱操作、内幕交易等。

4.1.4　票据

基于区块链技术架构建立新型数字票据业务模式，借助分布式高容错性和非对称加密算法，可实现票据价值的去中心化传递，降低对传统业务模式中票据交易中心的依赖程度，降低系统中心化带来的运营和操作风险。通过区块链的可编程性，有效控制中介市场中的资产错配，借助数据透明特性促进市场交易价格对资金需求反映的真实性，控制市场风险。区块链技术不可篡改的时间戳和全网公开的特性，有效防范“一票多卖”“打款背书不同步”等问题。

4.2　银行金融管理

银行分为中央银行和普通银行。中央银行的两大职能是“促进宏观经济稳定”和“维护金融稳定”(《金融的本质》，伯克南)，主要手段就是管理各种证券和利率。中央银行的存在，为整个社会的金融体系提供了最终的信用担保。普通银行业则往往基于央行的信用，实际作为中介担保，来协助完成多方的金融交易。

银行的活动包括发行货币，完成存款、贷款等大量的交易内容。银行必须能够确保交易的确定性，必须通过诸多手段确立自身的信用地位。

传统的金融系统为了完成上述功能，开发了极为复杂的软件和硬件方案，不仅消耗了昂贵的成本，还需要大量的维护成本。即便如此，这些系统仍然存在诸多缺陷，例如很多交易都不能在短时间内完成，每年发生大量的利用银行相关金融漏洞进行的犯罪。此外，在目前金融系统流程情况下，大量商家为了完成交易，还常常需要额外的组织(如支付宝)进行处理，这些实际上都增加了目前金融交易的成本。

区块链技术被认为是有可能促使这一行业发生革命性变化的“奇点”。除了众所周知的比特币等数字货币之外，还有诸多金融机构进行了有意义的尝试。

(1) 欧洲央行评估区块链在证券交易后结算的应用。目前，全球交易后的对账和处理费用超过200亿美元。欧洲央行的报告显示，区块链作为分布式账本技术，可以节约对账的成本，同时让证券所有权的变更可能变得近乎实时。

(2) 中国中央银行投入区块链研究。央行行长周小川曾表示央行数字货币可能将采用区块链模式，彻底改变传统货币流通模式。据悉，已有专门的团队在进行评估和实践。2016年1月20日，专门组织了“数字货币研讨会”，邀请了花旗、德勤等公司的区块链专家就数字货币发行的总体框架、演进、国家加密货币等话题进行了研讨。会后，发布对我国银行业数字货币的战略性发展思路，提出要早日发行数字货币，并利用数字货币相关技术来打击金融犯罪活动。

(3) 加拿大银行提出新的数字货币。加拿大央行正在开发基于区块链技术的数字版加拿大元(名称为CAD币)，以允许用户可以使用加元来兑换该数字货币。经过验证的对手方将会处理交易，如果需要，银行将保留销毁CAD币的权利。发行CAD币是更大的一个探索型科技项目Jasper的一部分。除了加拿大央行外，蒙特利尔银行、加拿大帝国商业银行、加拿大皇家银行、加拿大丰业银行、多伦多道明银行等多家机构也都参与了该项目。

(4) 英国银行实现 RSCoin。英国银行在数字化货币方面进展十分突出，已经实现了基于分布式账本平台的数字化货币系统。RSCoin 目标是提供一个由中央银行控制的数字货币，采用了双层链架构、改进版的 2PC 提交，以及多链条之间的交叉验证机制。由于主要是央行和下属银行之间使用，因此，通过提前建立一定的信任基础，可以提供较好的处理性能。

(5) 中国邮储银行将区块链技术应用到核心业务系统。2016 年 10 月，中国邮储银行宣布携手 IBM 推出基于区块链技术的资产托管系统，是中国银行业首次将区块链技术成功应用于核心业务的系统。新的业务系统免去了重复的信用校验过程，将原有业务环节缩减了约 60%～80%，提高了信用交易的效率。

基于区块链技术，出现了大量的创新支付企业：①Abra。区块链数字钱包，不需要银行账户和手续费。②Bitwage。基于比特币区块链的跨境工资支付平台。③BitPOS。低成本的快捷线上支付。④Circle。由区块链充当支付网络，允许用户快速进行跨币种的快速汇款。⑤Ripple。实现跨境的多币种低成本实时交易，引入了网关概念(类似银行)。

4.3 物联网

目前的物联网生态体系，依赖中心化的网络管理架构，所有的设备都是通过云服务器连接。随着网络规模的扩大，中心化云服务器、大型服务器和网络设备的基础设施和维护方面将占用高昂的成本。在去中心化的物联网愿景中，区块链是发生互动的设备间促进交易处理和协作的框架，网络上的每个设备都可以作为一个独立、微型的商业主体运行。

2015 年，IBM 与三星联合打造的 ADEPT 系统展示了人们在这一方向上的探索。IBM 和三星希望 ADEPT 系统可以让物联网里的各种设备自动运转。从理论上讲,家电运转时出故障可以自动发送信号,并可以自动更新软件,甚至设备本身可以通过 ADEPT 来与周边的设备“沟通”,从而提高能源的利用效率。在 ADEPT 系统中,当数十亿个设备自动交互信息时,区块链将发挥分布式账本的作用,通过在系统中植入协议,还可以大大降低 ADEPT 系统作为设备间的沟通桥梁时的成本。

此外,Visa 与 DocuSign 联合发起了区块链汽车租赁项目。2015 年 10 月,Visa 与数字交易管理公司 DocuSign 联合推出概念证明项目,使用区块链技术记录、保管租车数据,推动汽车租赁过程的数字化。该项目在区块链上为客户创建数字指纹,在链上进行登记,通过分布式账本记录交易,租车协议、保险项目等内容实时更新,简化传统汽车租赁过程中的烦琐步骤。

4.4 征信

现代金融体系的运转,离不开信用的支撑。征信作为信用体系中的关键环节,奠定了金融信用风险管理的基础。大数据时代来临,互联网金融兴起,面临新形势,传统征信业中信用信息不对称、数据采集渠道受限、数据隐私保护不力的问题愈加严峻。区块链以分布式存储、点对点传输、共识机制与加密算法等技术,屏蔽了底层复杂的连接建立机制,通过上层的对等直联、安全通信和匿名保护,加速打破“信息孤岛”的行业坚冰,加快各行业信用数据的汇聚沉淀,加强用户数据的隐私保护,以低成本建立共识信任,以新模式激发行业新业态、新动力,在征信领域有着广阔的发展前景。但是,区块链也存在私钥丢失或泄漏、对用户数据“被遗忘”、现有信息系统管理建设条例和征信监管体系等不适应的问题,区块链应用于征信领域的实践之路任重而道远。

4.4.1 用户征信的发展历程

我国征信业以企业征信为主，个人征信有待发展，整体市场前景广阔。我国企业征信发展较早，市场较为成熟，截至 2017 年 10 月，我国完成备案的企业征信机构为 137 家。2018 年 1 月 4 日，中国人民银行受理了百行征信有限公司(筹)(以下简称"信联")的个人征信业务申请，百行征信由中国互金协会和腾讯征信、芝麻信用、前海征信、拉卡拉征信、中智诚征信、中诚信征信、鹏元征信和华道征信等 8 家征信公司共同筹建。截至 2017 年 5 月底，央行征信中心金融信用信息基础数据库收录了 9.26 亿自然人、2371 万户企业和其他组织的相关信息。但央行征信中心仅覆盖个人在银行机构的信用记录，个人征信维度相对单一，存在巨大的市场需求和发展空间。

大数据融入传统征信正成为趋势。2015 年 7 月国务院印发《促进大数据发展行动纲要》，2015 年 9 月国务院办公厅印发《关于运用大数据加强对市场主体服务和监管的若干意见》，从国家政策方面鼓励大数据在征信业的应用和发展。大数据征信具备覆盖群体广泛、信息维度多元、解决方案丰富和评估全面四个创新特点，以大数据为依托和支撑构建征信体系，可提高信用评价的全面性、实时性和授信效率。信联的成立有望化解各家征信机构的信息孤岛困局，促进构建社会信用体系建设，用户的负债数据可以在各个机构之间共享，互金平台和企业依托这些数据与自身的原有数据进行融合分析，更容易形成完备的大数据风控系统，为用户提供更加全面、清晰、安全的金融业务，提升整个互金行业安全，意义重大。

4.4.2 传统征信的行业痛点

数据缺乏共享，征信机构与用户信息不对称。征信机构与征信机构、征信机构与其他机构等缺乏有效的共享合作，信息孤岛问题严重，无法实现征信业内高质量的数据流通及交易，造成征信机构与用户信息不对称。征信机构间信息孤岛问题严重，金融业内信贷机构、消费金融公司、电商金融公司等机构的海量信用数据尚未发挥其应有的价值，金融业外信用信息割裂在法院、政府部门、电信运营商等机构手中。究其原因，主要是我国数据归属权尚未确立，出于隐私保护的顾虑，各机构宁愿握紧手中的数据画地为牢，没有额外的积极性进行数据交换共享。除体制机制原因外，传统征信业也由于技术架构的问题无法在各机构、行业间安全地共享数据，使得传统征信工作中数据孤岛障碍的问题迟迟得不到解决。

正规市场化数据采集渠道有限，数据源争夺战耗费大量成本。信用数据不同于其他行业数据，所属用户是最为重要的数据标签，涉及企业和个人的切身利益，因而无法通过传统数据交易平台进行共享交换，导致正规市场化采集信用数据渠道极其有限。传统征信机构通过自爬、合作、购买等方式，主动对接相关的部门与机构，从有限的场景中整合数据，抢占征信业发展的高地与先机。因此关于数据源的竞争尤为激烈，这也直接使得传统征信机构在采集数据上耗费了大量成本，导致用于数据分析及征信产品研发的资金比例缩水，征信机构无法过多关注征信产品的质量，继而影响了征信机构的水平与信誉。

数据隐私保护问题突出，传统技术架构难以满足新要求。大数据时代下的征信业对隐私保护和数据安全的要求更高。此外，“暗网”中的个人信息交易灰色产业链，以其多样性、隐蔽性与复杂性成为监管部门查处的痛点与难点。为此，中国人民银行征信管理局明确指示要加强隐私保护，要求征信机构采集使用用户信息应当经信息主体同意，并明确告知可能产生的影响等事项，信息主体有权要求征信机构将其纳入拒绝用于营销的范围内。然而，传统征信系统技术架构对用户的关注度较低，并没有从技术底层保证用户的数据主权，难以达到数据隐私保护的新要求。

4.4.3 区块链在征信领域的应用场景

区块链具有去中心化、去信任、时间戳、非对称加密和智能合约等特征，在技术层面保证了可以在有效保护数据隐私的基础上实现有限度、可管控的信用数据共享和验证。针对目前我国传统征信行业现状与痛点，区块链可以在征信的数据共享交易领域着重发力，例如面向征信相关各行各业的数据共享交易，构建基于区块链的一条联盟链，搭建征信数据共享交易平台，促进参与交易方最小化风险和成本，加速信用数据的存储、转让和交易。

平台节点成员包括征信机构、用户、其他机构(互联网金融企业、银行、保险、政府部门等)，平台主要的共享交易模式有两种，一是征信机构与征信机构共享部分用户信用数据，二是征信机构从其他机构获取用户信用数据并形成相应信用产品，如图 4-1 所示。

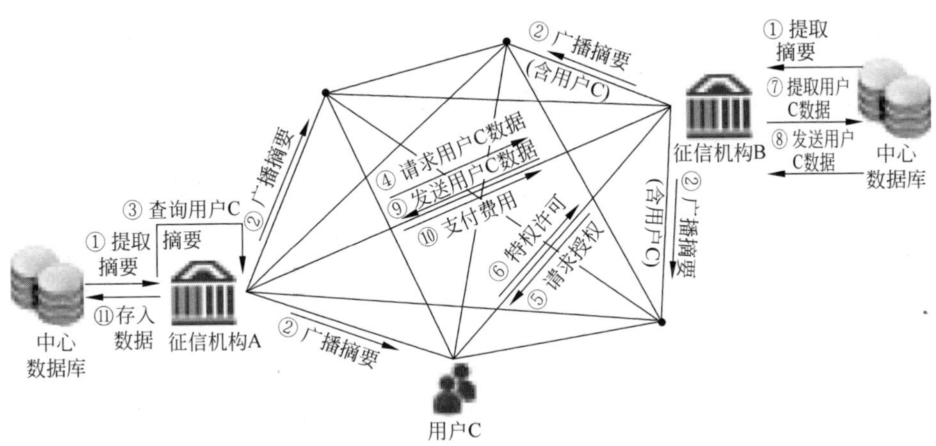

图 4-1 征信机构间共享用户信用数据

第一种模式下，征信机构各方参与者是主要参与节点，既作为数据查询使用方，也作为数据提供方。征信机构 A、B 原始数据均保存在自己的中心数据库，①从中提取少量摘要信息；②通过区块链广播，保存在区块链中。征信机构 A 对用户 C 的信用数据有查询需求时；③首先查询自己所在节点中公开透明的摘要信息，匹配到征信机构B的摘要信息含用户C；④查询请求可通过区块链转发到征信机构B；⑤征信机构B向用户C请求授权；⑥用户C向征信机构B许可授权后；⑦征信机构B向中心数据库申请用户C的信用数据；⑧中心数据库返回用户C的信用数据；⑨征信机构B向征信机构A发送用户C的信用数据；⑩征信机构A向B支付费用后；⑪将用户C的信用数据存入自己的中心数据库。这样征信机构各方既可以查询到外部征信机构的信用数据，又不泄漏自身核心信用数据。

第二种模式下，①其他机构A、B向用户C请求授权；②经过用户C授权许可后；③将各个环节关于用户C的数据进行广播添加到区块链中，在链上显示的这些数据只有用户C的地址属性，并不会泄露用户隐私；④征信机构向用户C请求授权；⑤经用户C授权许可后；⑥在自身节点中对这些数据进行追踪，获知用户C过往的贷款记录、还款记录、逾期记录、当下大致的债务情况等数据；⑦⑧征信机构在区块链中验证得到数据的真实性；⑨存入中心数据库，继而对其信用状况进行分析判断。该模式中信用数据是可以多源交叉验证的，因此数据真实性有所保证，且无法被企业或者个人篡改，如图4-2所示。

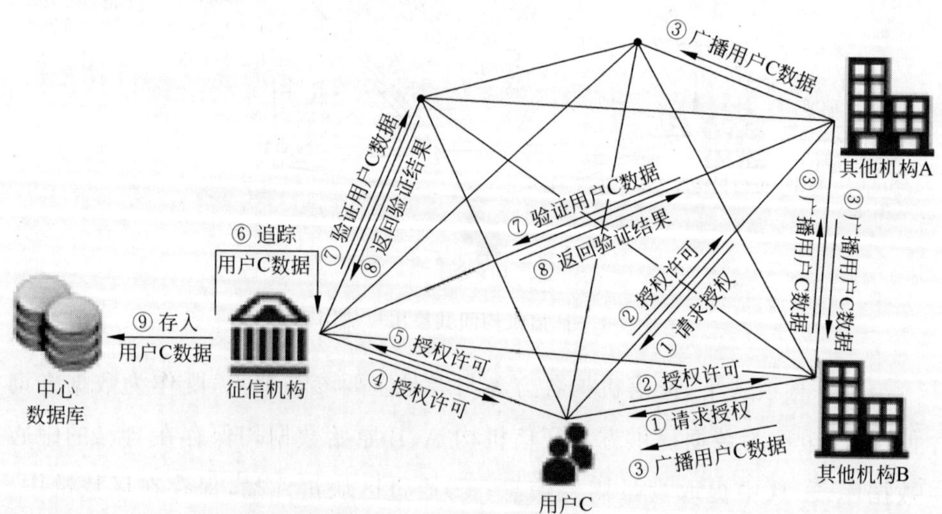

图4-2 征信机构从其他机构获取用户信用数据

基于区块链的征信数据共享交易平台，解决了传统征信业的痛点，是征信业革命性的创新。场景中区块链可以帮助多家征信机构实现数据资源不泄露前提下的数据多源交叉验证与共享，信贷客户多头负债的问题得到了根本的解决，数据交易成本、组织协作成本也将大大降低且有利于打破行业坚冰。不仅如此，场景中区块链基于数据确权，重构了现有的征信系统架构，将信用数据作为区块链中的数字资产，有效遏制数据共享交易中的造假问题，保障了信用数据的真实性。

实现数据共享与协作，打破“信用数据孤岛”。该平台能帮助用户确立自身的数据主权，生成自己的信用资产。在信用确权的基础上，以用户作为数据聚合点，该平台可连接各个企业及公共部门，进而开展用户数据授权，解决数据孤岛的问题，同时确保用户隐私安全及各方源数据不对外泄露。该平台有助于征信机构作为一个网络节点，以加密的形式存储及共享用户在本机构的信用状况，从而实现信用资源的共享共通、共建共用。

实现系统维护与业务拓展，大大降低征信运营成本。该平台有助于征信机构以低成本方式拓宽数据采集渠道，并消除冗余数据，规模化地解决数据有效性问题，还可去除不必要的中介环节，提升整个行业的运行效率。另外，区块链可以使信用评估、定价、交易与合约执行的全过程自动化运行与管理，从而降低人工与柜台等实体运营成本，并能大幅提高银行信用业务处理规模。

保障系统安全，实现数据隐私保护。该平台中每一个完整的节点都参与了系统的维护，不会由于系统中的某一个组件发生问题而影响全局。只要不超过51%的节点出现问题或是遭遇恶意袭击，系统就可继续稳定运行下去。另外，并不是所有的数据都要跑在“链”上，也并不是所有的数据都是公开透明的，除了数据共享交易参与的各方，不会有任何第三方可以获得数据。

4.4.4 区块链在征信领域的应用现状

我国正积极将区块链技术探索应用于征信领域,包括新兴金融科技、新兴民营征信及保险在内的金融行业企业与机构,探索测试基于区块链的征信系统,意在解决传统征信业的痛点。整体来看,区块链的实践应用集中在解决信用数据的交易问题。

公信宝于 2016 年将区块链技术结合到征信行业中,深度研发基于区块链技术的“公信宝数据交易所”。公信宝数据交易所是一个通用的数据交换平台,底层是基于区块链(公链)打造的一条联盟链,面向的典型客户为互联网金融企业、政府部门、银行、保险等。公信宝主要通过数据爬虫产品负责在用户授权下抓取用户数据,覆盖泛金融、泛电商、泛社交、个人身份等多种维度数据,为各大银行、互联网金融公司等机构提供征信基础数据服务,交易过程中公信宝会对交易双方进行匿名处理,并实现数字资产的所有权认证以及有效遏制数据交换中的造假问题。

同样地,区块链技术服务商布比于 2016 年与征信企业甜橙信用达成战略合作,旨在通过区块链去中心化的互助协作、全网记账体系,构建普惠式的征信体系,利用区块链的共识机制建立开放式的信用。双方设计的区块链征信解决方案是,存入区块链的数据部分公开可见,有需要的用户可以通过搜索找到需要的数据并向数据所有商购买。该方案将解决数据提供商之间信任难和交易难的问题,减少数据交易的程序和成本。

总体来看,目前区块链在征信业的实际应用还较少,主要还是浅层的概念性探究。已有探索的案例以信用数据的交易共享为切入点,不过这种技术层面的设计与现有的征信业体制机制及从业者观念不甚一致,区块链在征信业的落地应用长途漫漫。

4.4.5 挑战与思考

重构的征信系统直击传统征信业的痛点，虽然目前的应用场景主要集中在数据交易共享、打破数据孤岛方面，但是区块链在征信领域的应用前景值得期待。值得关注的是，传统征信业在征信系统和基础设施方面耗费了大量资源，传统系统与新系统的过渡和衔接存在较大的成本替代风险，区块链在征信业的实际应用也将遭遇较大的挑战。

用户"被遗忘"的权利与区块链无法篡改的特性存在本质矛盾。根据我国 2013 年 3 月 15 日实施的《征信业管理条例》第十六条，"征信机构对个人不良信息的保存期限，自不良行为或者事件终止之日起为 5 年；超过 5 年的，应当予以删除"，如果采用区块链来记录个人的征信记录，也同样需要保存 5 年以内的信用信息，同时删除超过 5 年的不良信用信息。然而，区块链的结构就是依托密码学算法，实现一个环环相扣、无法删除的数据结构，这就导致了用户"被遗忘"的权利在实施过程中将遇到较大的技术挑战。因此，如何在区块链系统中确保用户不良信用信息的及时删除，仍需重点研究和实践证明。

4.5 公共服务领域

公共服务是促进经济增长和社会进步的因素，公共服务的供给对政治、经济、社会发展过程中各类主体及制度、文化、态度、行为等都会产生重要影响。传统的公证依赖政府，而有限的数据维度、未建立的历史数据信息链常常导致政府、学校无法获得完整有效的信息。利用区块链可以建立不可篡改的数字化证明。在数字版权、知识产权、证书以及公益领域都可以建立全新的认证机制，改善公共服务领域的管理水平。

(1) 文化。利用区块链技术，将文化产业链条中的各环节加以整合、加速流通，有效缩短价值创造周期。通过区块链技术，对作品进行鉴权，证明文字、视频、音频等作品的存在，保证权属的真实、唯一性。作品在区块链上被确权，后续交易都会进行实时记录，实现文娱产业全生命周期管理，也可作为司法取证中的技术性保障。数字化证明可以保障数据的完整性、一致性，保护知识产权。例如，UjoMusic 平台借助区块链，建立了音乐版权管理平台新模式，歌曲的创作者与消费者可以建立直接联系，省去了中间商的费用提成。

(2) 教育。利用区块链技术，解决现有的学生信用体系不完整、数据维度局限、缺乏验证手段等问题，简化流程和提高运营效率，并能及时规避信息不透明和容易被篡改的问题。在区块链中记录跨地域、跨院校的学生信息，追踪学生在校园时期的行为记录，构建良性的信用生态体系。此外，通过区块链为学术成果提供不可篡改的数字化证明，可为学术纠纷提供举证依据，降低纠纷事件消耗的人力与时间成本。例如 BitProof 推出区块链学历认证项目。BitProof 是一家专门利用区块链技术进行文件认证的初创公司，该公司与加州软件工程师培训学校 Holberton School 开展合作，利用区块链技术向学生颁发学历证书，实现学历记录真实性。同时通过区块链学历验证体系，招聘者在进行学生背景调查时，通过在线区块链系统，可以快速获得学生学历及毕业证书信息，降低学历伪造风险。

(3) 产权登记。目前，房地产交易市场在交易期间和交易后流程中，存在缺乏透明度、手续烦琐、欺诈风险、公共记录出错等问题。区块链技术的应用可实现对土地所有权、房契、留置权等信息的记录和追踪，并确保相关文件的准确性和可核查性。此外，可借助区块链技术实现无纸化和实时交易。例如，美国房地产区块链公司 Ubitquity 研发出适用于房地产行业的文件安全存储区块链平台。从具体的操作上看，区块链技术在房屋产权保护上的应用，可以减少产权搜索时间，实现产权信息共享，避免房产交易过程中的欺诈行为，提高房地产行业的运行效率。

(4) 医疗健康。医疗机构面临着无法跨平台安全共享数据的问题。在医疗服务商之间建立良好的数据协作，有助于进一步提高诊断准确率，改善治疗效果，降低医疗成本。基于区块链技术，医疗产业链中的参与方实现对网络访问权限的共享，同时也不会对数据的安全性和完整性造成威胁。此外，随着个人健康数据的不断增长，以中心化方式存储基因、指纹等重要健康数据，一旦发生大规模泄露，将产生灾难性后果。区块链技术通过算法确保数据库的安全性，避免单点故障导致数据库整体性崩溃，有望为医疗健康行业带来金融级的数据安全保障。例如 Guardtime 医疗档案管理项目。安全初创企业 Guardtime 与爱沙尼亚电子卫生基金会合作，利用区块链技术保证病人医疗记录的安全。敏感数据保护中存在的安全隐患包含信息篡改、删除、错误升级，区块链技术可以保证数据的真实完整，并能完全记录数据变更过程，从而实现医疗记录和健康档案的实时保护。

4.6 资源共享

资源共享面临的问题主要包括共享过程成本过高，用户身份评分难，共享服务管理难。

4.6.1 短租共享

大量提供短租服务的公司已经开始尝试用区块链来解决共享中的难题。一份来自高盛的报告中宣称：Airbnb 等 P2P 住宿平台已经开始通过利用私人住所打造公开市场来变革住宿行业，但是这种服务的接受程度可能会因人们对人身安全以及财产损失的担忧而受到限制。如果通过引入安全且无法篡改的数字化资质和信用管理系统，我们认为区块链就能有助于提升 P2P 住宿的接受度。该报告还指出，可能采用区块链技术的企业 Airbnb、HomeAway 以及 OneFineStay 等，市场规模为 30 亿～90 亿美元。

4.6.2 社区能源共享

案例主要包括家庭太阳能发电后通过社区的电力网络进行买卖，例如纽约的微型电网。ConsenSys 和微电网开发商 LO3 共建光伏发电交易网络，实现点对点的能源交易。主要难题包括太阳能电池、社区电网构建、电力储备系统、交易系统。

现在已经有大量创业团队在解决这些问题，硬件部分已经有了很多很好的案例。通过区块链技术打造的平台主要解决最后一个问题，可以很容易实现社区内低成本的可靠交易系统。

4.7 电商平台

OpenBazaar 试图在无中介的情形下实现安全电商交易。传统情况下，电商平台起到了中介的作用，一旦发生纠纷，会作为第三方机构进行审判。这种模式存在着周期长、缺乏公证、成本高等缺点。OpenBazaar 通过多方签名机制和信誉评分机制，让众多参与者合作进行评估，零成本解决纠纷问题。

4.8 大数据共享

大数据时代，价值来自于对数据的挖掘，数据维度越多、体积越大，潜在价值也就越高。一直以来，让人头疼的问题是如何评估数据的价值，如何利用数据进行交换和交易，以及如何避免宝贵的数据在未经许可的情况下泄露出去。

区块链技术为解决这些问题提供了潜在的可能。利用区块链构成的统一账本，数据在多方之间的流动将得到实时追踪和管理，并且通过对访问权限的管控,可以有效减低对数据共享过程的管理成本。

4.9 投资管理

4.9.1 跨境贸易

在国际贸易活动中,买卖双方可能互不信任。因此需要两家银行作为买卖双方的保证人,代为收款交单,并以银行信用代替商业信用。区块链可以为信用证交易参与方提供共同账本,允许银行和其他参与方拥有经过确认的共同交易记录并据此履约,从而降低风险和成本。

4.9.2 一带一路

一带一路中对区块链技术的探索应用,能让原先无法交易的双方(例如,不存在都认可的国际货币情况下)完成交易,并且降低贸易风险、减少成本。

4.9.3 众筹投资

以DAO(Decentralized Autonomous Organization)为代表的众筹管理曾创下历史最高的融资纪录——超过1.6亿美元。

4.10 物流供应链

供应链行业往往涉及诸多实体,包括物流、资金流、信息流等,这些实体之间存在大量复杂的协作和沟通。传统模式下,不同实体保存各自的供应链信息，严重缺乏透明度，造成了较高的时间成本和金钱成本，一旦出现问题（冒领、货物假冒等）难以追查和处理。

各方可以通过区块链获得一个透明可靠的统一信息平台，可以实时查看状态，降低物流成本，追溯物品的生产和运送整个过程，从而提高供应链管理的效率。当发生纠纷时，举证和追查也变得更加清晰和容易。该领域被认为是区块链一个很有前景的应用方向。例如运送方通过扫描二维码来证明货物到达指定区域，并自动收取提前约定的费用，可以参考区块链如何变革供应链金融和区块链给供应链带来透明。

Skuchain 创建基于区块链的新型供应链解决方案，实现商品流与资金流的同步，同时缓解假货问题。

4.11 公共网络服务

现有的互联网能正常运行，离不开很多近乎免费的网络服务，例如域名服务（DNS）。任何人都可以免费查询到域名，没有 DNS，现在的各种网站基本就无法访问了。因此，对于网络系统来说，类似的基础服务必须要能做到安全可靠，并且低成本。

区块链技术恰好具备这些特点，基于区块链打造的 DNS 系统，将不再会出现各种错误的查询结果，并且可以稳定可靠地提供服务。

4.12 公益慈善领域

区块链上存储的数据，高可靠且不可篡改，用在社会公益场景有天然优势。公益流程中的相关信息，如捐赠项目、募集明细、资金流向、受助人反馈等，均可以存放于区块链上，在满足项目参与者隐私保护及其他相关法律法规要求的前提下，有条件地进行公开公示，方便公众和社会监督，助力社会公益的健康发展。例如 BitGive 建设的捐赠平台。BitGive 是一家非营利性电子货币慈善基金会，致力于将比特币及相关技术应用于慈善和人道主义工作中，促进慈善事业发展。2015 年，BitGive 公布慈善 2.0 计划，应用区块链技术建立公开透明的捐赠平台，平台上捐款的用途和去向都会面向捐助方和社会公众完全开放。

4.13　其他场景

还有一些很有趣的应用场景，主要包括：BitMessage，基于区块链的安全可靠的通信系统；GemHealth，医疗数据的安全管理，已与医疗行业多家公司签订了合作协议；Storj，基于比特币区块链的安全的数据分布式存储服务；Tierion，确保数据安全记录；Twister，去中心化的"微博"系统。

本章小结

本章介绍了大量的区块链技术应用案例和未来场景，证明区块链作为一项基础技术具有一定的市场潜力。当然，任何事物的发展都不是一帆风顺的。目前来看，制约区块链技术进一步应用的因素有很多。首先是谁来为区块链上的合同担保，特别在金融、法律等领域，实际执行的生活往往还得由人来做；其次是物品的数字化，非数字化的物品很难放到数字世界中进行管理。这些问题都不是很容易就得到解决的，但笔者相信，看一个东西成不成，关键还是看它能不能提高生产力。随着众多行业对区块链技术的试水和探索，一定会有更多的应用场景出现。

思考与实践题

1. 举例介绍区块链在金融服务领域有哪些方面应用。

2. 举例介绍区块链在征信和权属管理领域有哪些方面应用。

3. 举例介绍区块链在公共服务领域有哪些方面应用。

4. 举例介绍区块链在资源共享领域有哪些方面应用。

5. 举例介绍区块链在投资管理领域有哪些方面应用。

第5章 分布式系统核心问题

学习目标

通过本章的学习，读者将能够：

- 理解一致性问题的挑战、要求、带约束的一致性；
- 了解共识算法的问题挑战、常见算法、理论界限；
- 理解 FLP 不可能性原理；
- 了解 CAP 原理定义、应用场景、弱化一致性、弱化可用性、弱化分区容忍性；
- 熟悉拜占庭问题与算法。

万法皆空，因果不空。随着摩尔定律碰到瓶颈，越来越多的系统要依靠分布式集群架构来实现海量数据处理和可扩展计算能力。区块链首先是一个分布式系统。中央式结构改成分布式系统，碰到的第一个问题就是一致性的保障。很显然，如果一个分布式集群无法保证处理结果一致，那么任何建立于其上的业务系统都无法正常工作。

本章将介绍分布式系统中一些核心问题的来源以及相关的工作。

5.1 一致性问题

在分布式系统中，一致性(Consistency，早期也称 Agreement)是指对于系统中的多个服务节点，给定一系列操作，在协议(往往通过某种共识算法)保障下，试图使得它们对处理结果达成某种程度的一致。如果分布式系统能实现"一致",对外就可以呈现一个功能正常的,但性能和稳定性都要好很多的"虚处理节点"。举个例子,某影视公司旗下有位于西单和中关村两个电影院,都出售某电影票,票一共就一万张。那么,顾客到达某个电影院买票的时候,售票员该怎么决策卖这张票是否超售?当电影院个数更多的时候呢?这个问题在人类世界中看起来似乎没那么难。

注意:一致性并不代表结果正确与否,而是系统对外呈现的状态一致与否,例如,所有节点都达成失败状态也是一种一致。

5.1.1 挑战

在实际的计算机集群系统(看似强大的计算机系统,很多地方都比人类世界脆弱得多)中,存在如下的问题:节点之间的网络通信是不可靠的,包括任意延迟和内容故障;节点的处理可能是错误的,甚至节点自身随时可能宕机;同步调用会让系统变得不具备可扩展性。

要解决这些挑战,读者可能会很快想出一些不错的思路。为了简化理解,仍然以两个电影院一起卖票为例,可能有如下解决思路:每次要卖一张票前打电话给另外一家电影院,确认当前票数并没超售;两家电影院提前约好,奇数小时内一家可以卖票,偶数小时内另外一家可以卖;成立一个第三方的存票机构,票都放到他那里,每次卖票找他询问;……

这些思路大致都是可行的。实际上,这些方法背后的思想,将可能引发不一致的并行操作进行串行化,就是现在计算机系统处理分布式一致性问题的基础思路和唯一秘诀。只是因为计算机系统比较"傻",需要考虑得更全面一些;而人们又希望计算机系统能工作的更快更稳定,所以算法需要设计得再精巧一些。

5.1.2 要求

规范地说,理想的分布式系统一致性应该满足:可终止性(Termination),

一致的结果在有限时间内能完成；共识性(Consensus)，不同节点最终完成决策的结果应该相同；合法性(Validity)，决策的结果必须是其他进程提出的提案。

第一点很容易理解，这是计算机系统可以被使用的前提。需要注意，在现实生活中这点并不是总能得到保障的，例如取款机有时候会是“服务中断”状态，电话有时候是“无法连通”的。第二点看似容易，但是隐藏了一些潜在信息。算法考虑的是任意的情形，凡事一旦推广到任意情形，就往往有一些惊人的结果。例如现在就剩一张票了，中关村和西单的电影院也分别刚确认过这张票的存在，然后两个电影院同时来了一个顾客要买票，从各自“观察”看来，自己的顾客都是第一个到的……怎么能达成结果的共识呢?记住我们的唯一秘诀：核心在于需要，把两件事情进行排序，而且这个顺序还得是大家都认可的。第三点看似绕口，但是其实比较容易理解，即达成的结果必须是节点执行操作的结果。仍以卖票为例，如果两个影院各自卖出去一千张，那么达成的结果就是还剩八千张，决不能认为票售光了。

5.1.3 带约束的一致性

做过分布式系统的读者应该能意识到，绝对理想的强一致性(Strong Consistency)代价很大。当不发生任何故障时，所有节点之间的通信不需要任何时间，这个时候其实就等价于一台机器了。实际上，越强的一致性要求往往意味着越弱的性能。

一般的，强一致性主要包括下面两类：

顺序一致性(Sequential Consistency)：Leslie Lamport 在 1979 年经典论文 *How to Make a Multiprocessor Computer That Correctly Executes Multiprocess Programs* 中提出，是一种比较强的约束，保证所有进程看到的全局执行顺序(total order)一致，并且每个进程看自身的执行(local order)与实际发生顺序一致。例如，某进程先执行 A，后执行 B，则实际得到

的全局结果中就应该为A在B前面，而不能反过来。同时所有其他进程在全局上也应该看到这个顺序。顺序一致性实际上限制了各进程内指令的偏序关系，但不在进程间按照物理时间进行全局排序。

线性一致性（Linearizability Consistency）：Maurice P. Herlihy 与 Jeannette M. Wing 在1990年的经典论文 *Linearizability: A Correctness Condition for Concurrent Objects* 中共同提出，在顺序一致性前提下加强了进程间的操作排序，形成唯一的全局顺序（系统等价于是顺序执行，所有进程看到的所有操作的序列顺序都一致，并且跟实际发生顺序一致），是很强的原子性保证。但是比较难实现，目前基本上要么依赖于全局的时钟或锁，要么通过一些复杂算法实现，性能往往不高。

高精度的石英钟的漂移率为 10^{-7}，人类目前最准确的原子振荡时钟的漂移率为 10^{-13}。Google曾在其分布式数据库Spanner中采用基于原子时钟和GPS的TrueTime方案能够将不同数据中心的时间偏差控制在10ms以内。方案简单粗暴而有效，但存在成本较高的问题。强一致的系统往往比较难实现。很多时候，人们发现实际需求并没有那么强，可以适当放宽一致性要求，降低系统实现的难度。例如在一定约束下实现所谓最终一致性（Eventual Consistency），即总会存在一个时刻（而不是立刻），系统达到一致的状态，这对于大部分的Web系统来说已经足够了。这一类弱化的一致性，被笼统称为弱一致性（Weak Consistency）。

莫非分布式领域也有一个测不准原理？这个世界为何会有这么多的约束呢？

5.2 共识算法

实际上，要保障系统满足不同程度的一致性，往往需要通过共识算法来达成。共识算法解决的是对某个提案（Proposal），大家达成一致意见的过程。提案的含义在分布式系统中十分宽泛，如多个事件发生的顺序、某个键对应的值、谁是领导……，可以认为任何需要达成一致的信息都是一个提案。

实践中，一致性的结果往往还需要客户端的特殊支持，典型地通过访问足够多个服务节点来验证确保获取共识后的结果。

5.2.1 问题挑战

如果分布式系统中各个节点都能保证以十分强大的性能（瞬间响应、高吞吐）无故障地运行，则实现共识过程并不复杂，简单通过多播过程投票即可。很可惜的是，现实中这样"完美"的系统并不存在，如响应请求往往存在时延、网络会发生中断、节点会发生故障，甚至存在恶意节点故意要破坏系统。一般地，把故障（不响应）的情况称为"非拜占庭错误"，恶意响应的情况称为"拜占庭错误"（对应节点为拜占庭节点）。

5.2.2 常见算法

针对非拜占庭错误的情况，一般包括 Paxos、Raft 及其变种。对于要能容忍拜占庭错误的情况，一般包括 PBFT 系列、PoW 系列算法等。从概率角度，PBFT 系列算法是确定的，一旦达成共识就不可逆转；PoW 系列算法则是不确定的，随着时间推移，被推翻的概率越来越小。

5.2.3 理论界限

搞学术的人都喜欢对问题先确定一个界限，那么，这个问题的最坏界限在哪里呢？一般情况下，分布式系统的共识问题无解。当节点之间的通信网络自身不可靠情况下，很显然无法确保实现共识。一个设计得当的网络可以在大概率上实现可靠的通信。即便在网络通信可靠情况下，一个可扩展的分布式系统的共识问题的下限是无解。这个结论被称为FLP不可能性原理,可以看作分布式领域的"测不准原理"。

5.3 FLP不可能性原理

FLP不可能原理:在网络可靠,存在节点失效(即便只有一个)的最小化异步模型系统中,不存在一个可以解决一致性问题的确定性算法。提出该定理的论文由Fischer,Lynch和Patterson三位作者于1985年发表,该论文后来获得了Dijkstra奖。FLP不可能原理实际上告诉人们,不要浪费时间去为异步分布式系统设计在任意场景下都能实现共识的算法。

理解这一原理的一个不严谨的例子是:三个人在不同房间,进行投票(投票结果是0或者1)。三个人彼此可以通过电话进行沟通,但经常会有人时不时地睡着。比如某个时候,A投票0,B投票1,C收到了两人的投票,然后C睡着了。A和B则永远无法在有限时间内获知最终的结果。如果可以重新投票,则类似情形每次在取得结果前发生:FLP原理实际上说明对于允许节点失效情况下,纯粹异步系统无法确保一致性在有限时间内完成。这岂不是意味着研究一致性问题压根没有意义吗?

先别这么悲观,学术界做研究,考虑的是数学和物理意义上最极端的情形,很多时候现实生活要美好得多。例如,上面例子中描述的最坏情形,总会发生的概率并没有那么大。工程实现上多试几次,很大可能就成功了。

科学告诉你什么是不可能的;工程则告诉你,付出一些代价,我可以把它变成可能。这就是工程的魅力。退一步讲,在付出一些代价的情况下,我们能做到多少?

回答这一问题的是另一个很出名的原理:CAP原理。科学上告诉你去赌场赌博从概率上总会是输钱的;工程则告诉你,如果你愿意接受最终输钱的结果,中间说不定偶尔能小赢几笔呢!?

5.4　CAP原理

CAP原理最早由Eric Brewer在2000年由ACM组织的一个研讨会上提出猜想，后来Lynch等人进行了证明。该原理被认为是分布式系统领域的重要原理。

5.4.1　定义

分布式计算系统不可能同时确保一致性（Consistency）、可用性（Availability）和分区容忍性（Partition），设计中往往需要弱化对某个特性的保证。

一致性：任何操作应该都是原子的，发生在后面的事件能看到前面事件发生导致的结果，注意这里指的是强一致性。

可用性：在有限时间内，任何非失败节点都能应答请求。

分区容忍性：网络可能发生分区，即节点之间的通信不可保障。

比较直观地理解，当网络可能出现分区时，系统是无法同时保证一致性和可用性的。要么节点收到请求后因为没有得到其他人的确认就不应答，要么节点只能应答非一致的结果。好在大部分时候网络被认为是可靠的，因此系统可以提供一致可靠的服务；当网络不可靠时，系统要么牺牲掉一致性（大部分时候都是如此），要么牺牲掉可用性。

5.4.2　CAP原理应用场景

既然CAP不可同时满足，则设计系统时候必然要弱化对某个特性的支持。

1. 弱化一致性

对结果一致性不敏感的应用，可以允许在新版本上线后过一段时间才更新成功，期间不保证一致性。例如网站静态页面内容、实时性较弱的查询类数据库等，CouchDB、Cassandra 等为此设计。

2. 弱化可用性

对结果一致性很敏感的应用，例如银行取款机，当系统故障时候会拒绝服务。MongoDB、Redis 等为此设计。Paxos、Raft 等算法主要处理这种情况。

3. 弱化分区容忍性

现实中，网络分区出现概率减小，但较难避免，某些关系型数据库、ZooKeeper 即为此设计。实践中，网络通过双通道等机制增强可靠性，达到高稳定的网络通信。

5.5 ACID 原则

ACID 原则即 Atomicity（原子性）、Consistency（一致性）、Isolation（隔离性）、Durability（持久性），描述了对分布式数据库的一致性需求，同时付出了可用性的代价。

Atomicity：每次操作是原子的，要么成功，要么不执行；

Consistency：数据库的状态是一致的，无中间状态；

Isolation：各种操作彼此互相不影响；

Durability：状态的改变是持久的，不会失效。

一个与之相对的原则是 BASE（Basic Availiability，Soft State，Eventually Consistency），牺牲掉对一致性的约束（最终一致性），来换取一定的可用性。

5.6 Paxos 与 Raft

Paxos 问题是指分布式的系统中存在故障(fault),但不存在恶意(corrupt)节点场景(即可能消息丢失或重复,但无错误消息)下的共识达成(Consensus)问题。Leslie Lamport 用 Paxon 岛的故事模型来进行描述而命名。

5.6.1 Paxos

1990 年由 Leslie Lamport 提出的 Paxos 共识算法,在工程角度实现了一种最大化保障分布式系统一致性(存在极小的概率无法实现一致)的机制。Paxos 被广泛应用在 Chubby、ZooKeeper 这样的系统中,Leslie Lamport 因此获得了 2013 年度图灵奖。故事背景是古希腊 Paxon 岛上的多个法官在一个大厅内对一个议案进行表决,如何达成统一的结果。他们之间通过服务人员来传递纸条,但法官可能离开或进入大厅,服务人员可能偷懒去睡觉。Paxos 是第一个被证明的共识算法,其原理基于两阶段提交并进行扩展。作为现在共识算法设计的鼻祖,以最初论文的难懂(算法本身并不复杂)出名。

算法中将节点分为三种类型:①proposer。提出一个提案,等待大家批准为结案。往往是客户端担任该角色;②acceptor。负责对提案进行投票,往往是服务端担任该角色;③learner。被告知结案结果,并与之统一,不参与投票过程。可能为客户端或服务端。算法需要满足 safety 和 liveness 两方面的约束要求(实际上这两个基础属性是大部分分布式算法都该考虑的):①safety。保证决议(value)结果是对的,无歧义的,不会出现错误情况。决议只有在被 proposer 提出的 proposal 才能被最终批准;在一次执行实例中,只批准(chosen)一个最终决议,意味着多数接受(accept)的结果能成为决议；②liveness。保证决议过程能在有限时间内完成。决议总会产生，并且 learners 能获得被批准(chosen)的决议。

基本过程包括 proposer 提出提案，先争取大多数 acceptor 的支持，超过一半支持时，则发送结案结果给所有人进行确认。一个潜在的问题是 proposer 在此过程中出现故障，可以通过超时机制来解决。极为凑巧的情况下，每次新的一轮提案的 proposer 都恰好故障，系统则永远无法达成一致(概率很小)。Paxos 能保证在超过 1/2 的正常节点存在时，系统能达成共识。读者可以试着自己设计一套能达成共识的方案，会发现在满足各种约束情况下，算法自然就会那样设计。

1. 单个提案者＋多接收者

如果系统中限定只有某个特定节点是提案者，那么一致性肯定能达成(只有一个方案，要么达成，要么失败)。提案者只要收到了来自多数接收者的投票，即可认为通过，因为系统中不存在其他提案。一旦提案者故障，则系统无法工作。

2. 多个提案者＋单个接收者

限定某个节点作为接收者。这种情况下，共识也很容易达成，接收者收到多个提案，选第一个提案作为决议，拒绝掉后续的提案即可。缺陷也容易发生单点故障，包括接收者故障或首个提案者节点故障。以上两种情形类似主从模式，虽然不那么可靠，但因为原理简单而被广泛采用。当提案者和接收者都推广到多个的情形，会出现一些挑战。

3. 多个提案者＋多个接收者

既然限定单提案者或单接收者都会出现故障，那么就得允许出现多个提案者和多个接收者。问题一下子变得复杂了。一种情况是同一时间片段(如一个提案周期)内只有一个提案者，这时可以退化到单提案者的情形。

需要设计一种机制来保障提案者的正确产生，例如按照时间、序列或者大家猜拳（出一个数字来比较）之类。考虑到分布式系统要处理的工作量很大，这个过程要尽量高效，满足这一条件的机制非常难设计。另一种情况是允许同一时间片段内可以出现多个提案者。那同一个节点可能收到多份提案，怎么对它们进行区分呢？这个时候采用只接受第一个提案而拒绝后续提案的方法也不适用。很自然的，提案需要带上不同的序号。节点需要根据提案序号来判断接受哪个。比如接受其中序号较大（往往意味着是接受新提出的，因为旧提案者故障概率更大）的提案。如何为提案分配序号呢？一种可能方案是每个节点的提案数字区间彼此隔离开，互相不冲突。为了满足递增的需求可以配合用时间戳作为前缀字段。此外，提案者即便收到了多数接收者的投票，也不敢说就一定通过，因为在此过程系统中有其他提案者。

4. 两阶段的提交

提案者发出提案之后，收到一些反馈。这个时候得知的一种结果是自己的提案被大多数接受了，一种结果是没被接受。没被接受的过会再试试。即便受到来自大多数的接受反馈，也不能认为就最终确认了。因为这些接收者自己并不知道自己刚反馈的提案就恰好是全局的绝大多数。很自然的，引入了新的一个阶段，即提案者在前一阶段拿到所有的反馈后，判断这个提案是可能被大多数接受的提案，需要对其进行最终确认。Paxos 里面对这两个阶段分别命名为准备（prepare）和提交（commit）。准备阶段解决大家对哪个提案进行投票的问题，提交阶段解决确认最终值的问题。

(1) 准备阶段：提案者发送自己计划提交的提案的编号到多个接受者，试探是否可以锁定多数接受者的支持。接受者时刻保留收到过提案的最大编号和接受的最大提案。如果收到提案号比目前保留的最大提案号还大，则返回自己已接受的提案值（如果还未接受过任何提案，则为空）给提案者，更新当前最大提案号，并说明不再接受小于最大提案号的提案。

(2) 提交阶段：提案者如果收到大多数的回复(表示大部分人听到它的请求)，则可准备发出带有刚才提案号的接受消息。如果收到的回复中不带有新的提案，说明锁定成功，则使用自己的提案内容；如果返回中有提案内容，则替换提案值为返回中编号最大的提案值。如果没收到足够多的回复，则需要再次发出请求。接受者收到接受消息后，如果发现提案号不小于已接受的最大提案号，则接受该提案，并更新接受的最大提案。一旦多数接受了共同的提案值，则形成决议，成为最终确认。

5.6.2 Raft

Raft 是对 Paxos 的重新设计和实现。Raft 算法是 Paxos 算法的一种简化实现，包括三种角色：leader、candiate 和 follower。其基本过程为：leader 选举，每个 candidate 随机经过一定时间都会提出选举方案，最近阶段中得票最多者被选为 leader；同步 log，leader 会找到系统中 log 最新的记录，并强制所有的 follower 来刷新到这个记录。此处 log 并非是指日志消息，而是各种事件的发生记录。

5.7 拜占庭问题与算法

拜占庭问题更为广泛，讨论的是允许存在少数节点作恶(消息可能被伪造)场景下的一致性达成问题。拜占庭算法讨论的是最坏情况下的保障。

5.7.1 中国将军问题

拜占庭将军问题之前，就已经存在中国将军问题：两个将军要通过信使来达成进攻还是撤退的约定，但信使可能迷路或被敌军阻拦(消息丢失或伪造)，如何达成一致。根据 FLP 不可能原理，这个问题无解。

5.7.2 拜占庭问题

拜占庭问题又叫拜占庭将军问题(Byzantine Generals Problem),是Leslie Lamport 1982年提出用来解释一致性问题的一个虚构模型。拜占庭是古代东罗马帝国的首都,由于地域宽广,守卫边境的多个将军(系统中的多个节点)需要通过信使来传递消息,达成某些一致的决定。但由于将军中可能存在叛徒(系统中节点出错),这些叛徒将努力向不同的将军发送不同的消息,试图干扰一致性的达成。拜占庭问题即为在此情况下,如何让忠诚的将军们能达成行动的一致。

对于拜占庭问题来说,假如节点总数为 N,叛变将军数为 F,则当时,问题才有解,即 Byzantine Fault Tolerant(BFT)算法。例如,$N=3$,$F=1$ 时,提案人不是叛变者,提案人发送一个提案出来,叛变者可以宣称收到的是相反的命令。对于第三个人(忠诚者)收到两个相反的消息,无法判断谁是叛变者,则系统无法达到一致。提案人是叛变者,发送两个相反的提案分别给另外两人,另外两人都收到两个相反的消息,无法判断究竟谁是叛变者,则系统无法达到一致。更一般的,当提案人不是叛变者,提案人提出提案信息,则对于合作者来看,系统中会有 $N-F$ 份确定的信息,和 F 份不确定的信息(可能为0或1,假设叛变者会尽量干扰一致的达成),即 $N-F>F$,即 $N>2F$ 情况下才能达成一致。

5.7.3 Byzantine Fault Tolerant 算法

面向拜占庭问题的容错算法,解决的是网络通信可靠,但节点可能故障情况下的一致性达成。最早由 Castro 和 Liskov 在1999年提出的 Practical Byzantine Fault Tolerant(PBFT)是第一个得到广泛应用的 BFT 算法。只要系统中有的节点是正常工作的,则可以保证一致性。PBFT 算法包括三个阶段来达成共识：Pre-Prepare、Prepare 和 Commit。

5.7.4 新的解决思路

拜占庭问题之所以难解，在于任何时候系统中都可能存在多个提案（因为提案成本很低），并且要完成最终的一致性确认过程十分困难，容易受干扰。但是一旦确认，即为最终确认。

比特币的区块链网络在设计时提出了创新的 PoW（Proof of Work）算法思路。一个是限制一段时间内整个网络中出现提案的个数（增加提案成本），另外一个是放宽对最终一致性确认的需求，约定好大家都确认并沿着已知最长的链进行拓宽。系统的最终确认是概率意义上的存在。这样，即便有人试图恶意破坏，也会付出很大的经济代价（付出超过系统一半的算力）。后来的各种 PoX 系列算法，也都是沿着这个思路进行改进，采用经济上的惩罚来制约破坏者。

5.8 可靠性指标

很多领域都喜欢谈服务可靠性，用几个 9 来介绍。这几个 9 粗略代表了概率意义上系统能提供服务的可靠性指标，最初是电信领域提出的概念。表 5-1 给出不同指标下，每年允许服务出现不可用时间的参考值。

表 5-1 概率可靠性指标

指　标	概率可靠性	每年允许不可用时间	典型场景
1 个 9	90%	1.2 个月	不可用
2 个 9	99%	3.6 天	普通单点
3 个 9	99.9%	8.6h	普通企业
4 个 9	99.99%	51.6min	高可用
5 个 9	99.999%	5min	电信级

续表

指　　标	概率可靠性	每年允许不可用时间	典型场景
6 个 9	99.9999%	31s	极高要求
7 个 9	99.99999%	3s	N/A
8 个 9	99.999999%	0.3s	N/A
9 个 9	99.9999999%	30ms	N/A

一般来说，单点的服务器系统至少应能满足两个 9；普通企业信息系统 3 个 9 就肯定足够了（大家可以统计下自己企业内因系统维护每年要停多少时间），系统能达到 4 个 9 已经是业界领先水平了（参考 AWS）。电信级的应用一般能达到 5 个 9，这已经很厉害了，一年里面最多允许 5min 的服务停用。6 个 9 和以上的系统，就更加少见了，要实现往往意味着极高的代价。那么，该如何提升可靠性呢？有两个思路：一是让系统中的单点变得更可靠；二是消灭单点。

IT 从业人员大都有类似经验，运行某系统的机器，基本上是过几天就要重启下的；而运行 Linux 系统的服务器，则可能几年时间都不出问题。另外，普通的家用计算机跟专用服务器相比，长时间运行更容易出现故障。这些都是单点可靠性不同的例子。可以通过替换单点的软硬件来改善可靠性。依靠单点实现的可靠性毕竟是有限的，要想进一步提升，那就只好消灭单点，通过主从、多活等模式让多个节点集体完成原先单点的工作。这可以从概率意义上改善服务的可靠性，也是分布式系统的一个重要用途。

本章小结

分布式系统领域是计算机科学中十分重要的一个技术领域。常见的分布式一致性是个古老而重要的问题，无论在学术上还是工程上都存在很高的价值。理想化（各项指标均最优）的解决方案是不存在的。在现实各种约束条件下，往往需要通过牺牲掉某些需求，来设计出满足特定场景的协议。

工程领域很多问题的解决思路，都在于如何合理地进行取舍(trade-off)。

思考与实践题

1. 理想的分布式系统一致性应该满足哪几点？
2. 强一致性主要包括哪两类？
3. 描述 FLP 不可能原理。
4. 描述拜占庭问题。
5. 描述利用区块链解决拜占庭问题的思路。

第 6 章　密码学及安全技术

学习目标

通过本章的学习，读者将能够：

- 理解 hash 算法的定义、流行的算法、性能和数字摘要；
- 理解加解密算法的算法体系、对称加密、非对称加密、混合加密体制；
- 理解数字签名中 HMAC、盲签名、多重签名、环签名；
- 了解数字证书、PKI 体系、Merkle 树；
- 理解同态加密的定义、历史、函数加密。

工程领域从来没有黑科技；密码学不是工程。密码学在信息技术领域的重要地位不必多言。如果没有现代密码学的研究成果，人类社会根本无法进入信息时代。密码学领域十分繁杂，本章将介绍密码学领域中与区块链相关的一些基础知识，包括 hash 算法与摘要、加密算法、数字签名和证书、PKI 体系、Merkle 树、同态加密等，以及如何使用这些技术实现信息的机密性、完整性、认证性和不可抵赖性。

6.1　hash 算法

6.1.1　定义

hash（哈希或散列）算法是信息技术领域非常基础也非常重要的技术。

它能将任意长度的二进制值(明文)映射为较短的固定长度的二进制值(hash 值[①]),并且不同的明文很难映射为相同的 hash 值。

例如计算一段话“hello blockchain world, this is yeasy@github”的 MD5[②]的 hash 值为 89242549883a2ef85dc81b90fb606046。$ echo"helloblockchain world,this is yeasy@github"|md589242549883a2ef85dc81b90fb606046 这意味着只要对某文件进行 MD5 hash 计算,得到结果为 89242549883a2ef85dc81b90fb606046,这就说明文件内容极大概率上就是“helloblockchainworld, this is yeasy@github”。可见,hash 算法的核心思想十分类似于基于内容的编址或命名。

一个优秀的 hash 算法,将能实现:

- 正向快速。给定明文和 hash 算法,在有限时间和有限资源内能计算出 hash 值。
- 逆向困难。给定(若干)hash 值,在有限时间内很难(基本不可能)逆推出明文。
- 输入敏感。原始输入信息修改一点信息,产生的 hash 值看起来应该都有很大不同。
- 冲突避免。很难找到两段内容不同的明文,使得它们的 hash 值一致(发生冲突)。

冲突避免有时候又被称为“抗碰撞性”。如果给定一个明文前提下,无法找到碰撞的另一个明文,称为“弱抗碰撞性”;如果无法找到任意两个明文,发生碰撞,则称算法具有“强抗碰撞性”。很多场景下,也要求对于任意长的输入内容,输出定长的 hash 结果。

---

① hash 值在应用中又被称为指纹(fingerprint)、摘要(digest)。

② MD5 是一个经典的 hash 算法,其和 SHA-1 算法都已被证明安全性不足应用于商业场景。

6.1.2　流行的算法

目前流行的 hash 算法包括 MD5、SHA-1 和 SHA-2。MD4(RFC 1320)是 MIT 的 Ronald L. Rivest 在 1990 年设计的,MD 是 Message Digest 的缩写,其输出为 128 位。MD4 已证明不够安全。MD5(RFC 1321)是 Rivest 于 1991 年对 MD4 改进的版本。它对输入仍以 512 位分组,其输出是 128 位。MD5 比 MD4 复杂,并且计算速度要慢一点,更安全。MD5 已被证明不具备"强抗碰撞性"。SHA(Secure Hash Algorithm)是一个 hash 函数族,由 NIST(National Institute of Standards and Technology,美国国家标准研究所)于 1993 年发布的第一个算法。目前知名的 SHA-1 在 1995 年面世,它的输出为长度 160 位的 hash 值,因此抗穷举性更好。SHA-1 设计时基于和 MD4 相同原理,并且模仿了该算法。SHA-1 已被证明不具备"强抗碰撞性"。为了提高安全性,NIST 还设计出了 SHA-224、SHA-256、SHA-384 和 SHA-512 算法(统称为 SHA-2),与 SHA-1 算法原理类似。SHA-3 相关算法也已被提出。

一般认为 MD5 和 SHA1 已经不够安全,推荐至少使用 SHA-256 算法。

6.1.3　性能

一般的,hash 算法都是算力敏感型,意味着计算资源是瓶颈,主频越高的 CPU 进行 hash 的速度也越快。也有一些 hash 算法不是算力敏感的,例如 scrypt,需要大量的内存资源,节点不能通过简单地增加更多 CPU 来获得 hash 性能的提升。

6.1.4　数字摘要

顾名思义,数字摘要是对数字内容进行 hash 运算,获取唯一的摘要值来指代原始数字内容。数字摘要是解决确保内容没被篡改过的问题(利用hash 函数的抗碰撞性特点)。数字摘要是 hash 算法最重要的一个用途。在网络上下载软件或文件时,往往同时会提供一个数字摘要值,用户下载原始文件可以自行进行计算,并同提供的摘要值进行比对,以确保内容没有被修改过。

6.2 加解密算法

加解密算法比较如表 6-1 所示。

表 6-1 加解密算法比较

算法类型	特点	优势	缺陷	代表算法
对称加密	加解密密钥相同或可推算	计算效率高,加密强度高	需提前共享密钥;易泄露	DES、3DES、AES、IDEA
非对称加密	加解密密钥不相关	不需要提前共享密钥	计算效率低,仍存在中间人攻击可能	RSA、ElGamal、椭圆曲线系列算法

6.2.1 算法体系

现代加密算法的典型组件包括加解密算法、加密密钥、解密密钥。其中,加解密算法自身是固定不变的,一般是公开可见的;密钥则往往每次不同,并且需要保护起来,一般来说,对同一种算法,密钥长度越长,则加密强度越大。加密过程中,通过加密算法和加密密钥,对明文进行加密,获得密文。解密过程中,通过解密算法和解密密钥,对密文进行解密,获得明文。

根据加解密的密钥是否相同,算法可以分为对称加密(symmetric cryptography,又称公共密钥加密(common-key cryptography))和非对称加密(asymmetric cryptography，又称公钥加密(public-key cryptography))。两种模式适用于不同的需求，恰好形成互补，很多时候也可以组合使用，形成混合加密机制。

并非所有加密算法的强度都可以从数学上进行证明。公认的高强度加密算法是在经过长时间各方面实践论证后，被大家所认可，不代表其不存在漏洞。但任何时候，自行发明加密算法都是一种不太明智的行为。

6.2.2　对称加密

加解密的密钥是相同的。优点是加解密效率高(速度快，空间占用小)，加密强度高。缺点是参与多方都需要持有密钥，一旦有人泄露则安全性被破坏；如何在不安全通道下分发密钥也是个问题。

对称密码从实现原理上可以分为两种：分组密码和序列密码。前者将明文切分为定长数据块作为加密单位，应用最为广泛；后者则只对一个字节进行加密，且密码不断变化，只用在一些特定领域，如数字媒介的加密等。

对称密码代表算法包括 DES、3DES、AES、IDEA 等。DES(Data Encryption Standard)为经典的分组加密算法，1977 年由美国联邦信息处理标准(FIPS)所采用(FIPS-46-3)，将 64 位明文加密为 64 位的密文，其密钥长度为 56 位+8 位校验，现在已经很容易被暴力破解。3DES 为三重 DES 操作：加密→解密→加密，处理过程和加密强度优于 DES，但现在也被认为不够安全。AES(Advanced Encryption Standard)是 NIST 采用取代 DES 成为对称加密实现的标准，1997—2000 年 NIST 从 15 个候选算法中评选 Rijndael 算法(由比利时密码学家 Joan Daemon 和 Vincent Rijmen 发明)作为 AES，标准为 FIPS-197。AES 也是分组算法，分组长度为 128、192、256 位三种。AES 的优势在于处理速度快，整个过程可以数学化描述，目前尚未有有效的破解手段。适用于大量数据的加解密；不能用于签名场景；需要提前分发密钥。

分组加密每次只能处理固定长度的明文，因此过长的内容需要采用一定模式进行加密，《实用密码学》中推荐使用密文分组链接（Cipher Block Chain，CBC）、计数器（Counter，CTR）模式。

6.2.3 非对称加密

非对称加密是现代密码学历史上最为伟大的发明，可以很好地解决对称加密需要的提前分发密钥的问题。加密密钥和解密密钥是不同的，分别称为公钥和私钥。公钥一般是公开的，人人可获取的，私钥一般是个人自己持有，不能被他人获取。优点是公私钥分开，不安全通道也可使用；缺点是加解密速度慢，一般比对称加解密算法慢两到三个数量级；同时加密强度相比对称加密要差。

非对称加密算法的安全性往往需要基于数学问题来保障，目前主要有基于大数质因子分解、离散对数、椭圆曲线等几种思路。代表算法包括RSA、ElGamal、椭圆曲线（Elliptic Curve Crytosystems，ECC）系列算法。

RSA是经典的公钥算法，1978年由Ron Rivest、Adi Shamir、Leonard Adleman共同提出，三人于2002年获得图灵奖。算法利用了对大数进行质因子分解困难的特性，但目前还没有数学证明两者难度等价，或许存在未知算法在不进行大数分解的前提下解密。Diffie-Hellman密钥交换是基于离散对数无法快速求解，可以在不安全的通道上，双方协商一个公共密钥。ElGamal是由Taher ElGamal设计，利用了模运算下求离散对数困难的特性，被应用在PGP等安全工具中。椭圆曲线算法是现代备受关注的算法系列，基于对椭圆曲线上特定点进行特殊乘法逆运算难以计算的特性。最早在1985年由Neal Koblitz和Victor Miller分别独立提出。ECC系列算法一般被认为具备较高的安全性，但加解密计算过程往往比较费时。一般适用于签名场景或密钥协商，不适于大量数据的加解密。RSA算法等已被认为不够安全，一般推荐采用椭圆曲线系列算法。

6.2.4 混合加密机制

混合加密机制即先用计算复杂度高的非对称加密协商一个临时的对称加密密钥（会话密钥，一般相对内容来说要短得多），然后双方再通过对称加密对传递的大量数据进行加解密处理。典型的场景是现在大家常用的HTTPS机制。HTTPS实际上是利用了Transport Layer Security/Secure Socket Layer（TLS/SSL）来实现可靠的传输。TLS为SSL的升级版本，目前广泛应用的为TLS1.0，对应到SSL3.1版本。

建立安全连接的具体步骤如下：

- 客户端浏览器发送信息到服务器，包括随机数R1，支持的加密算法类型、协议版本、压缩算法等。注意该过程为明文。
- 服务端返回信息，包括随机数R2、选定加密算法类型、协议版本，以及服务器证书。注意该过程为明文。
- 浏览器检查带有该网站公钥的证书。该证书需要由第三方CA来签发，浏览器和操作系统会预置权威CA的根证书。如果证书被篡改作假（中间人攻击），很容易通过CA的证书验证出来。
- 如果证书没问题，则用证书中公钥加密随机数R3，发送给服务器。此时，只有客户端和服务器都拥有R1、R2和R3信息，基于R1、R2和R3，生成对称的会话密钥（如AES算法）。后续通信都通过对称加密进行保护。

6.3 数字签名

类似在纸质合同上签名确认合同内容，数字签名用于证实某数字内容的完整性（integrity）和来源（或不可抵赖，non-repudiation）。一个典型的场景是，A 要发给 B 一个文件（一份信息），B 如何获知所得到的文件即为 A 发出的原始版本？A 先对文件进行摘要，然后用自己的私钥进行加密，将文件和加密串都发给 B。B 收到文件和加密串后，用 A 的公钥来解密加密串，得到原始的数字摘要，对文件进行摘要后的结果进行比对。如果一致，说明该文件确实是 A 发过来的，并且文件内容没有被修改过。

6.3.1 HMAC

HMAC(Hash-based Message Authentication Code，基于哈希的消息认证码)基本过程为对某个消息，利用提前共享的对称密钥和 hash 算法进行加密处理，得到 HMAC 值。该 HMAC 值提供方可以证明自己拥有共享的对称密钥，并且消息自身可以利用 HMAC 确保未经篡改。

HMAC(K，H，Message)中，K 为提前共享的对称密钥，H 为提前商定的 hash 算法（一般为公认的经典算法），Message 为要处理的消息内容。如果不知道 K 和 H，则无法根据 Message 得到准确的 HMAC 值。HMAC 一般用于证明身份的场景，如 A、B 提前共享密钥，A 发送随机串给 B，B 对称加密处理后把 HMAC 值发给 A，A 收到了自己再重新算一遍，只要相同说明对方确实是 B。HMAC 主要问题是需要共享密钥。当密钥可能被多方拥有的场景下，无法证明消息确实来自某人（non-repudiation）。反之，如果采用非对称加密方式，则可以证明。

6.3.2 盲签名

盲签名 1983 年由 David Chaum 提出。签名者在无法看到原始内容的前提下对信息进行签名。盲签名主要是为了实现防止追踪（unlinkability），签名者无法将签名内容和结果进行对应。典型的实现包括 RSA 盲签名。

6.3.3 多重签名

n 个持有人中，收集到至少 m 个的签名，即认为合法，这种签名被称为多重签名。其中，n 是提供的公钥个数，m 是需要匹配公钥的最少的签名个数。

6.3.4 环签名

环签名由 Rivest，Shamir 和 Tauman 三位密码学家在 2001 年首次提出。环签名属于一种简化的群签名。

签名者首先选定一个临时的签名者集合，集合中包括签名者自身；然后签名者利用自己的私钥和签名集合中其他人的公钥就可以独立的产生签名，而不需要他人的帮助。签名者集合中的其他成员可能并不知道自己被包含在其中。

6.4 数字证书

数字证书用来证明某个公钥是谁的，并且内容是正确的。对于非对称加密算法和数字签名来说，很重要的一点就是公钥的分发。一旦公钥被人替换(典型的如中间人攻击)，则整个安全体系将被破坏掉。

怎么确保一个公钥确实是某个人的原始公钥？这就需要数字证书机制。数字证书就是像一个证书一样，证明信息和合法性，由证书认证机构(Certification Authority，CA)签发，权威的 CA 包括 verisign 等。数字证书内容可能包括版本、序列号、签名算法类型、签发者信息、有效期、被签发人、签发的公开密钥、CA 数字签名、其他信息，等等，一般使用最广泛的标准为 ITU 和 ISO 联合制定的 X.509 规范。其中，最重要的包括签发的公开密钥、CA数字签名两个信息。因此，只要通过这个证书就能证明某个公钥是合法的，因为带有CA的数字签名。

更进一步地，怎么证明CA的签名合法不合法呢？类似的，CA的数字签名合法不合法也是通过CA的证书来证明的。主流操作系统和浏览器里面会提前预置一些CA的证书(承认这些是合法的证书)，然后所有基于认证的签名都会自然被认为合法。后面将介绍的PKI体系提供了一套完整的证书管理的框架。

6.5 PKI体系

在非对称加密中，公钥可以通过证书机制来进行保护，如何管理和分发证书则可以通过PKI(Public Key Infrastructure)来保障。PKI体系在现代密码学应用领域处于十分基础的地位，解决了核心的证书管理问题。

PKI并不代表某个特定的密码学技术和流程，PKI是建立在公私钥基础上实现安全可靠传递消息和身份确认的一个通用框架。实现了PKI的平台可以安全可靠地管理网络中用户的密钥和证书，包括多个实现和变种，知名的有RSA公司的PKCS(Public Key Cryptography Standards)标准和X.509规范等。

一般情况下，PKI至少包括以下组件：

- CA(Certification Authority)。负责证书的颁发和作废，接收来自RA的请求，是最核心的部分。CA是最核心的组件，主要完成对证书的管理。
- RA(Registration Authority)。对用户身份进行验证，校验数据合法性，负责登记，审核通过就发给CA。
- 证书数据库。存放证书，一般采用LDAP目录服务，标准格式采用X.500系列。

常见的流程为，用户通过RA登记申请证书，CA完成证书的制造，颁发给用户。用户需要撤销证书则向CA发出申请。密钥有两种类型：用于签名和用于加解密，对应称为签名密钥对和加密密钥对。

用户证书可以有两种方式。一般可以由CA来生成证书和私钥；也可以自己生成公钥和私钥，然后由CA签发公钥。后者情况下，当用户私钥丢失后，CA无法完成恢复。

6.6　Merkle树

Merkle(默克尔)树又叫哈希树，是一种二叉树，由一个根节点、一组中间节点和一组叶节点组成。最下面的叶节点包含存储数据或其哈希值，每个中间节点是它的两个子节点内容的哈希值，根节点也是由它的两个子节点内容的哈希值组成。

进一步的，Merkle树可以推广到多叉树的情形。Merkle树的特点是，底层数据的任何变动，都会传递到其父节点，一直到树根，如图6-1所示。

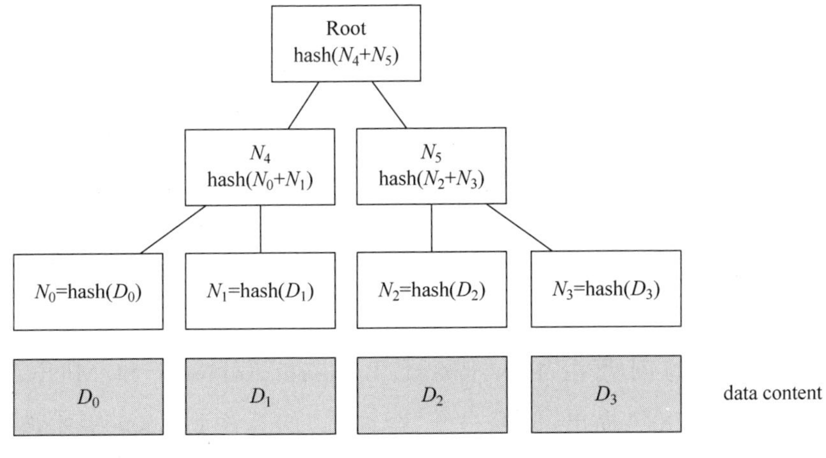

图6-1　Merkle树示例

Merkle 树的典型应用场景包括：

- 快速比较大量数据。当两个 Merkle 树根相同时，意味着所代表的数据必然相同。快速定位修改：例如上例中，如果 D_1 中数据被修改，会影响到 N_1、N_4 和 Root。因此，沿着 Root→N_4→N_1，可以快速定位到发生改变的 D_1；
- 零知识证明：例如如何证明某个数据（$D_0 \cdots D_3$）中包括给定内容 D_0。很简单，构造一个 Merkle 树，公布 N_0，N_1，N_4，Root，D_0 拥有者可以很容易检测 D_0 存在，但不知道其他内容。

6.7 同态加密

6.7.1 定义

同态加密（homomorphic encryption）是一种特殊的加密方法，允许对密文进行处理得到仍然是加密的结果，即对密文直接进行处理，和对明文进行处理再加密得到的结果相同。从代数的角度讲，即同态性。

如果定义一个运算符，对加密算法 E 和解密算法 D 满足，则意味着对于该运算满足同态性。同态性在代数上包括加法同态、乘法同态、减法同态和除法同态。同时满足加法同态和乘法同态，则意味着是代数同态，即全同态。同时满足四种同态性，则称为算数同态。

6.7.2 历史

同态加密的问题由 Ron Rivest、Leonard Adleman 和 Michael L. Dertouzos 在 1978 年提出，但第一个“全同态”的算法到 2009 年才被克雷格·金特里（Craig Gentry）证明。仅满足加法同态的算法包括 Paillier 和 Benaloh 算法；仅满足乘法同态的算法包括 RSA 和 ElGamal 算法。

同态加密在云时代的意义十分重大。从安全角度讲,用户还不敢将敏感信息直接放到第三方云上进行处理。如果有了比较实用的同态加密技术,就可以放心地使用各种云服务了。目前已知的同态加密技术需要消耗大量的计算时间,还远达不到实用的水平。

6.7.3 函数加密

与同态加密相关的一个问题是函数加密。同态加密保护的是数据本身,而函数加密保护的是处理函数本身,即让第三方看不到处理过程的前提下,对数据进行处理。该问题已被证明是不存在对多个通用函数的任意多 key 的方案,目前仅能做到对某个特定函数的一个 key 的方案。

6.8 其他问题

零知识证明(zero knowledge validation)即证明者在不向验证者提供任何有用的信息的前提下,使验证者相信某个论断是正确的。例如,A 向 B 证明自己有一个物品,但 B 无法拿到这个物品,无法用 A 的证明去向别人证明自己也拥有这个物品。

本章小结

本章介绍了密码学领域中与区块链相关的一些基础知识,包括 hash 算法与摘要、加密算法、数字签名和证书、PKI 体系、Merkle 树、同态加密等,以及如何使用这些技术实现信息的机密性、完整性、认证性和不可抵赖性。

思考与实践题

1. 什么是 hash 算法？一个优秀的 hash 算法能实现什么？

2. 对称加密与非对称加密算法的异同点是什么？现代加密算法的典型组件包括什么？

3. 什么是数字签名？有哪几种签名？

4. 什么是数字证书？什么是 PKI 体系？

5. 解释同态加密。什么是零知识证明？

第 7 章　共识机制

学习目标

通过本章的学习，读者将能够：

- 了解什么是共识机制及共识机制的分类；
- 理解区块链共识的基本流程、区块链共识的主要评价标准；
- 熟悉经典分布式共识的定义和分类，了解经典分布式共识的研究方向；
- 了解授权共识机制的定义和应用场景；
- 熟悉基于工作量证明的共识机制的定义和分类、典型方案，了解采用工作量证明的共识机制面临的问题；
- 熟悉基于权益证明的共识机制的定义和分类；
- 了解其他共识机制包括能力证明机制、消逝时间证明、融入知识证明的工作量证明。

7.1　引言

2008 年，Nakamoto 首次提出了比特币，数字货币进入了新的篇章。数字货币底层的区块链技术得到各界人士越来越多的重视。区块链技术是在分布式、不可信环境中，所有节点通过一定的共识算法就公共账本达成一致的技术。共识机制作为区块链技术的核心，从根本上决定了整个区块链系统的安全性、可用性和系统性能等。研究区块链的共识机制对区块链扩容、交易处理速度增快和安全性提升有着重要的意义，区块链技术要在未来得到更广泛的应用，就必须对共识机制进行研究。

7.2 共识概述

共识机制是区块链技术的基础和核心。共识机制决定参与节点以何种方式对某些特定的数据达成一致。共识机制可以分为经典分布式共识和区块链共识。早在 1975 年，Akkoyunlu、Ekanadham 和 Huber 提出了计算机领域的"两军问题"，对于共识机制的研究从此开始。1980 年，Lamport、Shostak 和 Pease 提出了"拜占庭将军问题"，研究在可能存在故障节点、恶意攻击的情况下，非故障节点如何对特定的数据达成一致。拜占庭将军问题成为共识机制研究的基础。1989 年，Lamport 提出了解决拜占庭将军问题的 Paxos 算法，能够容忍网络中一定数量节点发生崩溃(crash)，在分布式系统中，就某个特定值达成一致。1999 年，Castro 和 Liskov 提出了实用拜占庭容错协议，作为拜占庭将军问题的解决方案，PBFT 允许网络中存在一定数量的拜占庭节点，这些节点能够在共识达成过程中制造虚假信息，以各种手段阻碍其他诚实节点完成共识。PBFT 能够在敌手数量占比不超过全部节点数量 1/3 的情况下，实现最终诚实节点的共识。

2008 年，Nakamoto 提出比特币，共识机制进入区块链共识时代。区块链共识可以分为两大类，一类是授权共识(permissioned consensus)，授权网络中节点需进行身份认证，通过公钥基础设施(public key infrastructure，PKI)对节点进行身份认证后，节点才能参与后续共识算法；另一类是以比特币为代表的非授权共识(permissionless consensus)。非授权网络中，节点随时加入和退出，节点数量动态变化不可预知，非授权共识通过特定算法完成出块者(block proposer)选举、区块生成和节点验证更新区块链等过程。

区块链共识的基本流程如下：

(1) 选举出块者。"出块者"指的是区块链中负责产生区块的节点，又被称为记账者。目前的出块者可以分为两种,一种是单一节点作为出块者；另一种是多个节点构成委员会(committee),整个委员会作为出块者。出块者选举的过程中,需要充分考虑到女巫攻击(sybil attack)的存在,参与选举的人需要完成一定的任务或具备某种条件才能拥有参与选举的资格。目前区块链中大多数采用工作量证明(PoW)和权益证明(PoS)的方式来防止女巫攻击。工作量证明要求参与节点完成一定的计算任务,权益证明要求节点拥有一定的财产,才能获得出块者选举的资格。

(2) 生成区块。出块者主要完成区块生成的工作,即将一段时间内产生的交易数据打包放到当前区块中,而为了让区块成为链状结构,就必须在区块中包含其他内容。一般来说,区块可以分为区块头(block header)和区块体(block body)两部分。区块头中一般包括上个区块的哈希值(hash)、时间戳等内容,区块体中包含了完整的交易数据。可以按照出块者与区块的对应关系将区块生成过程分为两类:一类是"一对一"关系,一个出块者对应一个区块,下一个区块由新选举的出块者负责生成,如比特币；一类是"一对多"关系,一个出块者在其"任职"期间,能够生成多个区块,一般将一个出块者的任职时间称为一个时期(epoch),每个时期由多个轮(round)组成,每一轮生成一个区块。

(3) 节点验证更新区块链。出块者生成区块后,将区块在网络中广播。收到区块的节点验证区块正确性并更新本地区块链。在部分共识中,节点可能还需验证区块中交易的合法性和出块者身份的合法性等。

对于区块链共识,主要的评价标准主要有如下几点。

(1) 安全性。区块链共识机制的安全性主要指的是在敌手存在且能操控一定的网络资源和其他资源的情况下,诚实用户能够在不可信网络环境中达成最终的一致,并且能够抵抗一些针对共识算法的攻击。安全性是共识机制应当满足的最基本、最重要的属性。

(2) 交易吞吐率。交易吞吐率指的是区块链系统的交易处理速度,一般采用每秒处理交易的数量作为评判标准。交易吞吐率受到区块产生间隔、区块大小等因素的影响,比特币的交易吞吐率为 7 笔交易/秒。

(3) 可扩展性。可扩展性指的是网络处理交易的性能是否能够随着节点的增多而增强,关注的是网络处理能力的可增长性。可扩展性一般通过对网络实施分片(sharding)来实现,将整个网络节点分为不同的分区,每个分区并行处理分区内部的数据。

(4) 交易确认时间。交易确认时间指的是交易从被提交至共识网络,到交易被完全确认所花费的时间。交易完全确认指的是交易被写入到区块中,且确保大概率不会被篡改,交易双方可以以此作为凭证完成整个交易过程。在比特币中,交易确认时间大约为 60 分钟(6 个区块的生成时间),60 分钟过后,才能保证区块大概率不会出现分叉,即保证交易大概率不会被篡改。在确定性共识中,由于区块链一般不会产生分叉,因此交易确认时间能够降低。

(5) 去中心化。去中心化指的是区块链采用的共识算法中没有可信第三方存在.与此同时,区块最终由全部参与共识的节点共同决定,而不是集中在少数几个节点上。网络中节点的权利应当分散化,而不是集中化。比特币挖矿采用的“矿池”(mining pool)在一定程度上影响了比特币的去中心化。

(6) 资源占用。资源占用主要考量的是区块链共识机制带来的节点间的通信复杂度(communication complexity)和节点完成共识算法需要的计算复杂度(computation complexity)。资源占用通常与交易确认时间和交易吞吐率指标联系紧密。

7.3 经典分布式共识

7.3.1 定义和分类

经典分布式共识指的是在授权网络中,一组节点实现状态机复制。经典分布式共识主要面向一些分布式数据库系统,Paxos 算法主要针对网络中可能出现的崩溃节点,而 PBFT 能够容忍一定的拜占庭错误节点。根据网络模型假设,可以将经典分布式共识分为以下三类:第一类是部分同步网络分布式一致算法,部分同步网络模型是经典分布式共识和区块链共识协议最常用的模型;第二类是异步网络分布式一致算法,异步网络模型也是共识研究中经常采用的模型,在完全异步网络中实现共识通常需要随机数发生器来完成;第三类是同步网络分布式一致算法,同步网络模型假设较强,在实际运用中可能会遇到很多问题。

7.3.2 综合分析

经典分布式共识主要研究的是在授权网络中实现状态机复制,并且保证协议的安全性和活性。从网络模型方面来说,最为典型的是部分同步网络,网络中消息能够在一定的时间上限内到达所有诚实节点,最贴近现实网络,也是目前区块链协议经常采用的网络模型。从容错角度来看,Paxos 协议只能容忍崩溃节点,而 PBFT 等拜占庭容错协议能够容忍网络中的拜占庭节点,拜占庭节点可以是崩溃节点,也可以是被敌手控制的恶意节点,因此拜占庭容错共识更符合实际网络,而其在区块链共识中的应用也更为广泛。经典分布式共识的研究方向主要有以下三点。

(1) 高效的轮内投票算法。经典分布式共识算法一般采用多轮投票的方式来对某个值达成共识,如何降低每一轮的通信复杂度,提高算法的执行效率是未来的研究热点,如采用并行流水线技术并行处理每一轮提议的数值、采用门限签名等技术降低节点间的通信复杂度等。

(2) 更强的容错能力。经典分布式共识算法需要假设网络中敌手数量不超过特定比例,当网络中敌手数量超过该比例时,如何有效检测以及恢复。如何借助其他可信硬件等使网络的整体容错能力更强。

(3) 高效的视图转换。视图转换是经典分布式共识算法需要解决的重要问题，当委员会领导者为恶意节点或消极怠工时，需要一定的机制选举新的领导者，在新领导者接任的过程中，如何高效地获取其他节点当前的状态、处理之前未处理完的提议是需要研究的问题。

7.4 授权共识机制

7.4.1 概念

授权共识机制指的是在授权网络中，节点首先经过身份认证加入网络中，在节点之间运行某种分布式一致性算法，实现状态机复制，对每一轮的数据达成共识，生成、维护授权网络内部的区块链。授权共识机制产生的区块链也被称作“联盟链”。联盟链不同于比特币之类的“公链”，节点只有在获得身份认可之后才能加入到“联盟”中，进入到授权网络内部，从而完成共识过程。

7.4.2 综合分析

授权共识机制中的所有节点在参与共识前，必须要经过身份注册。授权共识主要适用于企业、组织之间的联盟等，在联盟节点参与共识的情况下，能够实现较高的交易吞吐率。授权共识中，网络处理交易的性能受到参与节点计算能力的影响较大。由于授权共识的应用场景大多为联盟之间的数据处理和存储，授权共识需要考虑智能合约的处理问题，因此授权网络中节点分工的明确化和数据处理的模块化显得越来越重要。

7.5 基于工作量证明的共识机制

7.5.1 定义和分类

工作量证明最早被用来防止垃圾邮件，由 Dwork 和 Naor 在 1993 年提出。邮件在被发送之前，必须要求邮件发送方完成一定量的计算，如找到某个特定数学难题的解答。Back 在 1997 年提出了 Hashcash，对工作量证明进行了改进，利用单向哈希函数实现工作量证明，即找到哈希函数原像才能完成工作量证明的过程。比特币的出现，将工作量证明运用到非授权网络的共识中，主要用来防止敌手制造假身份发动女巫攻击。

7.5.2 典型方案分析

1. 比特币

基于工作量证明的共识机制最典型的代表是比特币。在比特币中，用户可以上传自身的交易，交易的实质是将一个账户中的比特币转移到另外账户中，一个交易可能存在多个输入和多个输出。合法交易被打包放到区块中，区块最大为 1MB。区块包括区块头和区块体两部分，区块头主要包括指向上个区块的哈希值、交易 Merkle 树树根值、时间戳和随机数，区块体主要包括当前时间产生的交易。

在比特币中，每个区块的生成者（即上文提到的出块者）会得到一定数量（12.5BTC）的比特币奖励，因此节点为了成为出块者获得收益而进行不间断的哈希运算，以期寻找到工作量证明，这一过程也被称为“挖矿”，而寻找工作量证明的节点被称为“矿工”。比特币中，每隔大约 10 分钟产生一个区块，比特币的区块间隔时间与比特币的安全性紧密相关，而区块间隔与当前挖矿难度相关。忽略与共识无关的细节，简化的比特币的共识流程如下。

(1) 节点获取挖矿难度、交易信息。比特币中，节点能够自由加入、退出网络，不需要进行身份注册。节点在挖矿前，首先获取当前工作量证明难度 D，并且收集本时期内网络中产生的交易，将交易排列成 Merkle 树形式，并计算交易构成的 Merkle 树树根 Merkle。与此同时，根据比特币的最长链原则选取合适的区块链，获取其最末端区块哈希值 A_{r-1}。

(2) 节点寻找工作量证明。节点通过工作量证明函数开始挖矿：H(A_{r-1}, Merkle, Nonce)$<D$。其中 Nonce 代表节点选中的随机数，H(・)是单向哈希函数，比特币中使用 SHA-256(SHA256(・))实现。节点按照算法不断更换 Nonce 的值，直到选中的 Nonce 满足以上函数的条件，此时的 Nonce 便是工作量证明的解。

(3) 新区块广播与验证。找到工作量证明的节点广播新区块和其哈希值，收到新区块的节点验证其区块的合法性和其中包含交易的合法性，检查是否存在双花交易，通过后更新本地区块链并在更新后的区块上继续挖矿。

比特币对矿工的激励除了每个区块能够获得的基础奖励外，还包括区块中所有交易的交易费(transaction fees)。

2. 以太坊

以太坊(ethereum)由 Buterin 提出。以太坊是能够运行智能合约(smart contract)的公共区块链平台。智能合约是执行某种合约、条款的计算机协议，以脚本代码的形式出现。智能合约允许双方在没有可信第三方存在的情况下实现可信交易。

以太坊的区块大约每隔 15 秒产生，为了解决比特币中矿工利用专用集成电路 ASIC 进行挖矿而导致的算力中心化和挖矿资源集中化问题，以太坊设计了抵抗 ASIC 且支持轻客户端(light client)快速验证的 PoW 算法 Ethash，在一定程度上缓解了挖矿中心化问题。

为了解决 PoW 挖矿带来的巨大能源消耗问题，以太坊正在从 PoW 共识向 PoS 共识转变，并且提出了转变需要经历的四个具体过程：前沿（frontier），家园（homestead），大都会（metropolis），宁静（serenity）。前沿阶段是 2015 年以太坊刚开始发布时的试验阶段，家园阶段是以太坊正式发布的版本，完全采用 PoW 共识机制。大都会阶段又被分为拜占庭硬分叉和君士坦丁堡硬分叉阶段。2017 年 10 月，以太坊拜占庭硬分叉成功，为后期引入 ZK-Snarks 零知识证明技术提供准备。君士坦丁堡硬分叉将引入 PoW 和 PoS 混合的共识机制。宁静阶段，以太坊将完全实行 PoS 共识机制。

7.5.3 综合分析

采用工作量证明的共识机制主要面临以下几个问题。

1. 巨大的能源消耗

工作量证明的寻找需要投入大量的算力，而算力的维持需要消耗巨额的电力。挖矿可能采用的 CPU、GPU、FPGA 和专用集成电路（ASIC）都需要连接至电网不间断运行，导致消耗的电量十分巨大。截至 2018 年 11 月 11 日，仅比特币挖矿造成每年的电量消耗为 73.12TW·h（TW·h 是太千瓦时，与千瓦时之间的换算关系为 1TW·h=10^9kW·h）。相当于全球电力总消耗的 0.33%，与澳大利亚消耗的电力持平。每年比特币挖矿消耗的电力大概相当于 3 656 073 069 美元。而其中每个交易需要消耗 746kW·h 的电量，可见造成的能源浪费十分严重。

2. 存在安全隐患

任何共识机制都可能存在被敌手攻击的可能性，基于工作量证明的共识机制也不例外，主要面临以下几种攻击。

1）日蚀攻击(eclipse attack)

Heilman 等人分析了针对比特币的日蚀攻击。日蚀攻击属于网络层攻击的一种，在比特币网络中，每个节点有 117 个信息输入连接(incoming connection)和 8 个信息输出连接(outgoing connection)，攻击者首先占据目标节点的网络地址，然后利用非比特币网络 ID 地址来覆盖目标节点的链接地址，目标节点此时会进行网络重启，而重启后的信息输入连接很大概率都是处于敌手控制下的节点，此时目标节点所接收到的网络中的消息全是敌手控制之下的消息。Marcus、Heilman 和 Goldberg 分析了以太坊网络可能遭受的日蚀攻击，指出了以太坊点对点网络的脆弱性。

攻击者能够将日蚀攻击与双花攻击或自私挖矿等攻击相结合，侵害诚实节点的利益。

2）双花攻击(double spending)

双花攻击指的是攻击者将已经花费过的代币重新花费。一般来说，攻击者可以通过制造区块链分叉的方法来实施双花攻击。攻击者首先通过代币完成一笔交易，假设交易被包含在区块链的区块 B 上，在交易完成后，攻击者通过分叉处一条更长的新链，使得区块 B 作废，这样一来，区块 B 中的交易也作废，因此攻击者拿回了自己的代币。

攻击者还可以通过与日蚀攻击进行结合来实施双花攻击。攻击者选定要交易的目标节点 T，对其进行日蚀攻击，控制节点 T 的信息输入通道，攻击者将与节点 T 的交易放到自己制造的私链上，并通过网络传播给节点 T，这时节点 T 由于信息缺失，只能看到攻击者的区块链，因此相信交易的合法性，与攻击者完成交易。此时实际的区块链上并不存在这笔交易，攻击者成功实现双花攻击。双花攻击也是其他共识机制面临的安全威胁之一。

双花攻击一般针对具有弱一致性的区块链系统，矿工能够在同一个区块的不同分支挖矿，当敌手算力超过 50%时，敌手便能够发起双花攻击。当敌手算力不足或接近 50%时，敌手可以通过贿赂攻击(bribe attack)，通过一定的利益交换来使用其他敌手的算力，使自身算力超过 50%。

3）自私挖矿(selfish mining)

Eyal 和 Sirer 提出了针对比特币的自私挖矿攻击。自私挖矿指的是敌手在挖到新区块后，暂时不公布自己的区块，而是在自己的区块之后继续私下挖矿，在私底下寻找自己的“私链”，当网络中其他节点挖到新区块时，敌手再选择性地释放自己私链中的区块。如果敌手此时私链的长度大于主链的长度，那么敌手的私链将被网络中大部分节点认可，敌手的私链成为主链；如果敌手此时私链长度等于主链长度，则敌手可以配合日蚀攻击控制网络中其他节点获取的消息内容，使其先收到自己发出的私链，获得其认可。在自私挖矿中，敌手浪费了诚实用户的算力，造成了诚实用户链质量的下降。

目的是区块奖励，对自私挖矿策略集拓展的还有顽固挖矿(stubborn mining)、优化自私挖矿(optimal selfish mining)、扣块攻击(block withholding，BWH)和扣块后分叉攻击(fork after withholding，FAW)。

7.6 基于权益证明的共识机制

7.6.1 定义和分类

为了解决工作量证明带来的巨大能源消耗问题，基于权益证明的共识机制被提出。权益指的是节点或用户拥有的资产，如代币，根据节点拥有的代币数量随机决定区块的出块者。拥有代币越多的节点，成为出块者的可能性越大。

7.6.2 综合分析

1. 无利害关系

无利害关系(nothing at stake)指的是攻击者试图在过去链的不同分叉

上挖矿，不会对自身利益造成损失。在PoS共识机制中，制造区块链的分叉不像PoW共识机制中需要花费一定的算力成本，如果没有预防机制，当区块链出现分叉时，节点为了增加自身获利的可能性，在区块链的每个分叉上都进行挖矿。无利害关系问题可以通过在PoS共识中引入相应的惩罚机制来解决，对在不同分叉上产生区块的节点进行惩罚。

2. 打磨攻击

打磨攻击(grinding attack)指的是在某些PoS共识机制中，第 $r+1$ 轮的出块者选举受到第 r 轮出块者的影响，选举结果不随机，不能实现抗偏置。在这些PoS共识机制中，第$r+1$ 轮的出块者通常与第 r 轮生成的区块相关，这样一来，如果第 r 轮的出块者被敌手控制，敌手为了继续成为第 $r+1$ 轮的出块者，便在第 r 轮尝试不断生成新的区块，对生成的区块进行不断的"打磨"，直到最终生成的区块对自身有利。打磨攻击可以通过使用抗偏置随机数决定每一轮出块者的方式来防止。

3. 长程攻击

长程攻击(longrange attack)主要是PoS网络中的离线节点或新节点加入网络时，敌手伪造一条非常长的区块链，从创世区块到最新区块进行伪造，试图让新加入节点相信其伪造的区块链。在PoW为基础的区块链中，通常采用最长链原则或最重链原则来判断哪条区块链是真正合法的主链.假设主链为 A，敌手想制造假的链 B 来让新加入的节点相信 B 为主链，在PoW为基础的区块链中，新节点可以通过判断两条链中的挖矿难度轻松判断 A 为主链，因为 A 中区块的挖矿难度一定非常明显地高于 B，而敌手想要制造一条类似于 A 的主链，将花费相当庞大的算力，攻击成本将大大超过可能带来的收益。而在PoS为基础的区块链中，想要仿造一条主链 A 则容易得多，敌手可以通过贿赂节点，使其出售过去使用过的重要私钥，不需要花费太多的成本便可以伪造出一条假链 B，让新加入的节点认为链 B 才是真正的主链，从而达到其他不法目的。长程攻击可以通过检查点机制来防范。

4. 权益窃取攻击

Gaži、Kiayias 和 Russell 提出了针对 PoS 共识机制的权益窃取攻击。权益窃取攻击（stake bleeding attack）主要在长程攻击实施成功后进行，对于未采用检查点机制的 PoS 共识系统，敌手发动长程攻击后，使得新加入的节点相信敌手的链 B 为当前主链，则新节点产生的交易将会被提交到链 B 处理，链 B 中的节点完全由敌手控制，因此交易费全部归敌手所有。

7.7 其他共识机制

1. 能力证明机制

能力证明（proof of capacity）指的是根据参与者能够使用的硬盘空间大小作为标准，选出区块的生产者。Miller 等人提出了 Permacoin，要求参与者有能力存储大文件的一部分。Park 等人提出了 Spacecoin，采用非交互式空间证明（proof of space）达成共识。

2. 消逝时间证明

消逝时间证明（proof of elapsed time）是基于硬件芯片执行某个命令的等待时间来实现的，其实质是利用可信硬件产生随机数来决定下一个区块生产者。HyperLedger 使用英特尔可信芯片 Intel SGX 中的“飞地”模块，参与者在发布块之前都需要向“飞地”获取一个随机的等待时间，等待时间最短的节点被选为领导节点。Zhang 等人提出了资源高效利用挖矿

(Resource-Efficient Mining,REM),同样采用可信硬件来进行一轮 PoW 运算,用时最短节点将被选为领导节点。

3. EWoK

Armknecht 等人[115]提出了融入知识证明的工作量证明(entangled proof of work and knowledge,EWoK),主要将 PoW 与 PoK 结合,鼓励节点对于区块链系统历史数据的存储。节点先通过工作量证明找到 PoW 的解,然后证明节点本地存储了区块链某个分片的完整数据,完成证明的节点成为出块者,EWoK 通过鼓励节点存储数据来增强系统的安全性。

本章小结

区块链共识算法是区块链技术的核心,区块链共识算法未来的发展趋势是:实现安全、高效的基于 PoS 的共识机制,解决 PoS 共识机制可能存在的各种攻击;将经典分布式一致性算法与区块链技术结合,利用委员会实现强一致性,解决委员会重配置的安全问题;利用分片技术,实现计算分片、通信分片和存储分片,实现交易处理的可扩展性,解决跨区交易问题;解决区块链协议的启动问题,不需要可信启动,通过安全多方计算等算法完成协议自启动;将可信硬件或其他最新密码技术与区块链技术相结合,提出适用于特定场景的区块链解决方案。

思考与实践题

1. 什么是共识机制?共识机制如何分类?
2. 描述区块链共识的基本流程。

3. 什么是经典分布式共识？经典分布式共识如何分类？

4. 什么是授权共识机制？

5. 基于工作量证明的共识机制的典型代表有哪些？

6. 什么是基于权益证明的共识机制？有哪些典型的代表？

7. 描述能力证明机制、消逝时间证明、融入知识证明的工作量证明。

第 8 章　比特币项目——思想诞生的摇篮

学习目标

通过本章的学习，读者将能够：

- 了解比特币的定义和历史以及山寨币；
- 理解比特币的交易、脚本、区块、设计理念和共识机制；
- 理解挖矿的原理与过程；
- 熟悉客户端、矿机和脚本；
- 掌握工作量证明和权益证明两种共识机制；
- 了解闪电网络和侧链。

比特币项目是区块链技术首个大规模的成功应用，并且是首个得到实践检验的数字货币实现，在金融学和信息技术历史上都具有十分重要的意义。本章将介绍其来源、原理设计和相关的工具和技术点等。

8.1　简介

比特币是基于密码学和经济博弈的一种数字货币，也是历史上首个经过大规模长时间运作检验的数字货币系统。

8.1.1　历史

2008 年 10 月 31 日，中本聪发布比特币论文 *Bitcoin：A Peer-to-Peer*

Electronic Cash System（《比特币：一种点对点的电子现金系统》）。

2009 年 1 月 3 日，中本聪在位于芬兰赫尔辛基的一个小型服务器上挖出了第一批 50 个比特币，并记录下当天泰晤士报的头版标题：*The Times 03/Jan/2009 Chancellor on brink ofsecond bailout for banks*。

2010 年 5 月 21 日，第一次比特币交易：佛罗里达的一名程序员 Laszlo Hanyecz 用 1 万比特币购买了价值 25 美元的披萨优惠券。这是比特币的首个兑换汇率：1∶0.0025 美元。这些比特币在今日价值约 700 万美元。

2010 年 7 月 17 日，第一个比特币平台成立。

2011 年，出现基于显卡的挖矿设备。2011 年底，汇率约为 2 美元。

2012 年 9 月 27 日，比特币基金创立，此时比特币价格为 12.46 美元。

2012 年 11 月 28 日，比特币产量第一次减半。

2013 年 3 月，1/3 的专业矿工已经采用专用 ASIC 矿机进行挖矿。

2013 年 4 月 10 日，比特币创下历史最高价，266 美元。

2013 年 6 月 27 日，德国会议作出决定：持有比特币一年以上将予以免税，被业内认为此举变相认可了比特币的法律地位，此时比特币价格为 102.24 美元。

2013 年 10 月，世界第一台可以兑换比特币的 ATM 在加拿大上线。

2013 年 11 月 29 日，比特币的交易价格创下 1242 美元的历史新高，而同时黄金价格为一盎司 1241.98 美元，比特币价格首度超过黄金。

2014 年 2 月，全球最大比特币交易平台 Mt.Gox 宣告因 85 万个比特币被盗而破产并关闭，造成大量投资者的损失，比特币价格一度暴跌。

2014 年 3 月，中国第一台可以兑换比特币的 ATM 在香港特别行政区上线。

2014 年 6 月，美国加州通过 AB-129 法案，允许比特币等数字货币在加州流通。

2015 年 6 月，纽约成为美国第一个正式进行数字货币监管的州。

2015 年 10 月，欧盟法院裁定比特币交易免征增值税。

2016 年 1 月，中国人民银行在京召开了数字货币研讨会，会后发布公告宣称或推出数字货币。

2016 年 7 月 9 日，比特币产量第二次减半。时至今日，比特币汇率约为 600 美元，总市值 100 亿美元，八成交易量在中国。

比特币区块链目前生成了约 42 万个区块，完整存储需要约 75GB 空间。主流交易所包括 Bitstamp、BTC-e、Bitfinex 等。多家投资机构（包括红杉、IDG、软银、红点等）都有布局。

8.1.2 山寨币

比特币的“成功”，刺激了相关的生态和社区发展，大量类似数字货币（超过 700 种）纷纷出现，被称为“山寨币”，比较出名的包括以太币和瑞波（Ripple）币。

这些山寨币，要么建立在独立的区块链上，要么复用已有的区块链（例如比特币），如图 8-1。

简介

图 8-1 常用数字货币资料库

8.2　原理和设计

比特币网络是一个分布式的点对点网络，网络中的矿工通过“挖矿”来完成对交易记录的记账过程，维护网络的正常运行。比特币通过区块链网络提供一个公共可见的记账本，用来记录发生过的交易的历史信息。每次发生交易，用户需要将新交易记录写到比特币区块链网络中，等网络确认后即可认为交易完成。每个交易包括一些输入和一些输出，未经使用的交易的输出(Unspent Transaction Outputs，UTXO)可以被新的交易引用作为合法的输入。一笔合法的交易，即引用某些已存在交易的 UTXO，作为交易的输入，并生成新的输出的过程。

在交易过程中，转账方需要通过签名脚本来证明自己是 UTXO 的合法使用者，并且指定输出脚本来限制未来对本交易的使用者(为收款方)。对每笔交易，转账方需要进行签名确认。对每笔交易来说，总输入不能小于总输出。

下面分别介绍比特币网络中的重要概念和设计思路。

8.2.1　账户地址的概念

比特币账户[①]采用了非对称的加密算法，用户自己保留私钥，对他发出的交易进行签名确认，并公开公钥。比特币的账户地址其实就是用户公钥经过一系列 hash(HASH160，或先进行 SHA-256，然后进行 RIPEMD160)及编码运算后生成的 160 位(20 字节)的字符串。也常对账户地址串进行 Base58Check 编码，并添加前导字节(表明支持哪种脚本)和 4 字节校验字节，以提高可读性和准确性。

---

① 这里的账户并非直接是公钥，而是 hash 后的值，避免公钥过早暴露导致被破解出私钥。

8.2.2 交易

交易是完成比特币功能的核心概念，一条交易将可能包括如下信息。

① 付款人地址：合法的地址，公钥经过 SHA-256 和 RIPEMD160 两次 hash，得到 160 位 hash 串；②付款人对交易的签字确认：确保交易内容不被篡改；③付款人资金的来源交易 ID：从哪个交易的输出作为本次交易的输入；④交易的金额：多少钱，与输入的差额为交易的服务费；⑤收款人地址：合法的地址；⑥收款人的公钥：收款人的公钥；⑦时间戳：交易何时能生效。

网络中节点收到交易信息后，将进行如下检查：交易是否已经处理过；交易是否合法，包括地址是否合法、发起交易者是输入地址的合法拥有者、是否是 UTXO；交易的输入之和是否大于输出之和。

检查都通过，则将交易标记为合法的未确认交易，并在网络内进行广播。可以从 blockchain.info 网站查看实时的交易信息。

8.2.3 脚本

脚本（script）是保障交易完成（主要用于检验交易是否合法）的核心机制，当所依附的交易发生时被触发。通过脚本机制而非写死交易过程，比特币网络实现了一定的可扩展性。比特币脚本语言是一种非图灵完备的语言，类似 Forth 语言。

一般每个交易都会包括两个脚本：输出脚本（scriptPubKey）和认领脚本（scriptSig）。输出脚本一般由付款方对交易设置锁定，用来对能动用这笔交易输出（例如，要花费交易的输出）的对象（收款方）进行权限控制，如限制必须是某个公钥的拥有者才能花费这笔交易。认领脚本则用来证明自己可以满足交易输出脚本的锁定条件，即对某个交易的输出（比特币）

的拥有权。

输出脚本目前支持两种类型：P2PKH(Pay-To-Public-Key-Hash)，允许用户将比特币发送到一个或多个典型的比特币地址上(证明拥有该公钥)，前导字节一般为0x00；P2SH(Pay-To-Script-Hash)，支付者创建一个输出脚本，里边包含另一个脚本(认领脚本)的hash，一般用于需要多人签名的场景，前导字节一般为0x05。

引入脚本机制带来了灵活性，但也引入了更多的安全风险。比特币脚本支持的指令集十分简单，基于栈的处理方式，并且非图灵完备，此外还添加了额外的一些限制(大小限制等)。

8.2.4 区块

一个区块将主要包括如下内容：4字节的区块大小信息；80字节的区块头信息：版本号：4字节；上一个区块头的SHA-256 hash值：链接到一个合法的块上，32字节；包含的所有验证过的交易的Merkle树根的哈希值，32字节；时间戳：4字节；难度指标：4字节；Nonce：4字节，PoW问题的答案；交易个数计数器：1～9字节；所有交易的具体内容，可变长。

8.2.5 设计理念

1. 如何避免作恶

基于经济博弈原理。在一个开放的网络中，无法通过技术手段保证每个人都是合作的。但可以通过经济博弈让合作者得到利益，让非合作者遭受损失和风险。实际上，博弈论早已被广泛应用到众多领域。一个经典的例子是两个人来分一个蛋糕，如果都想拿到较大的一块，在没有第三方的前提下，该怎样指定规则才公平？最简单的一个方案是负责切蛋糕的人后选。注：如果推广到N个人呢？比特币网络需要所有试图参与者(矿工)都首先要付出挖矿的代价，进行算力消耗，越想拿到新区块的决定权，意味着抵押的算力越多。一旦失败，这些算力都会被没收，成为沉没成本。当网络中存在众多参与者时，个体试图拿到新区块决定权要付出的算力成本是巨大的，意味着进行一次作恶付出的代价已经超过可能带来的好处。

2. 负反馈调节

比特币网络在设计上很好地体现了负反馈的控制论基本原理。比特币网络中矿工越多，系统就越稳定，比特币价值就越高，但挖到矿的概率会降低；反之，网络中矿工减少，会让系统更容易导致被攻击，比特币价值越低，但挖到矿的概率会提高。因此，比特币的价格理论上应该稳定在一个合适的值(网络稳定性也会稳定在相应的值)，这个价格乘以挖到矿的概率，恰好达到矿工的收益预期。从长远角度看，硬件成本是下降的，但每个区块的比特币奖励每隔 4 年减半，最终将在 2140 年达到 2100 万枚，之后将完全依靠交易的服务费来鼓励矿工对网络的维护。

8.2.6 共识机制

传统的共识问题，是考虑在一个相对封闭的体系中存在好节点、坏节点，然后如何达成一致。对于比特币网络来说，因为它是开放的，网络质量也是完全无法保证的，导致问题更加复杂，难以依靠传统的一致性算法来实现。比特币网络对共识进行了一系列的放宽，同时对参与共识进行了一系列的限制。首先是不实现最终共识，理论上现有达成的任何结果都可能被推翻，只是被推翻的可能性随着时间而指数级下降，要付出的代价迅速上升。此外，达成共识的时间比较长，而且是按照块来进行阶段性的确认(快照)，提高网络可用性。此外，通过进行 PoW 限制合法提案的个数，提高网络的稳定性。

8.3 挖矿

8.3.1 原理与过程

了解比特币，最应该知道的一个概念就是“挖矿”，挖矿是参与维护比特币网络的节点，通过协助生成新区块来获取一定量新增的比特币。

当用户发布交易后，需要有人将交易进行确认，写到区块链中，形成新的区块。在一个互相不信任的系统中，该由谁来完成这件事情呢？比特币网络采用了“挖矿”的方式来解决这个问题。目前，每十分钟左右生成一个不超过 1MB 大小的区块（记录了这十分钟内发生的验证过的交易内容），串联到最长的链尾部，每个区块的成功提交者可以得到系统 12.5 个比特币的奖励（一定区块数后才能使用），以及用户附加到交易上的支付服务费用。

注：每个区块的奖励一开始是 50 个比特币，每隔 21 万个区块自动减半，即 4 年时间，最终比特币总量稳定在 2100 万个。因此，比特币是一种通缩的货币。

挖矿的具体过程为：参与者根据上一个区块的 hash 值，十分钟内验证过的交易内容，再加上自己猜测的一个随机数 X，让新区块的 hash 值小于比特币网络中给定的一个数。这个数越小，计算出来就越难。系统每隔两周（即经过 2016 个区块）会根据上一周期的挖矿时间来调整挖矿难度（通过调整限制数的大小），来调节生成区块的时间稳定在十分钟左右。为了避免震荡，每次调整的最大幅度为 4 倍。为了挖到矿，参与处理区块的用户端往往需要付出大量的时间和算力。算力一般以每秒进行多少次 hash 计算为单位，记为 h/s。

汇丰银行分析师 Anton Tonev 和 Davy Jose 表示，比特币区块链（通过挖矿）提供了一个局部的、迄今为止最优的解决方案：如何在分散的系统中验证信任。这就意味着，区块链本质上解决了传统依赖于第三方的问题，因为这个协议不止满足了中心化机构追踪交易的需求，还使得陌生人之间产生信任。区块链的技术和安全的过程使得陌生人之间在没有被信任的第三方时产生信任。

8.3.2 如何看待挖矿

2010 年左右，挖矿还是一个很有前途的行业。但是现在，由于当前参与挖矿的算力实在过于庞大（已经超出了大部分的超算中心），获得比特币的收益已经眼看要付不起电费了。特别那些想着用云计算虚机来挖矿的想法，意义确实不大了。

从普通的 CPU（2009 年），到后来的 GPU（2010 年）和 FPGA（2011 年末），到后来的 ASIC 矿机（2013 年初，目前单片算力已达每秒数百亿次 hash 计算），再到现在众多矿机联合组成矿池。短短数年间，比特币矿机技术走完了过去几十年的集成电路技术进化历程，并且还颇有创新之处。确实是哪里有利益，哪里的技术就飞速发展。目前，矿机主要集中在中国（超过一半的算力）和欧美，大家比拼的是一定计算性能情况下低电压和低功耗的电路设计。全网的算力已超过每秒 1018 次 hash 计算。

很自然的，有人会想到，如果我有很强大的算力，所有的块都是我算出来了，拒不承认别人的交易内容，那是不是就能破坏比特币网络？确实如此，基本上有 1/3 的算力，比特币网络就存在被破坏的风险了；到了 1/2，概率上就掌控整个网络了。但是这将需要付出巨大的计算成本。

那么有没有办法防护呢？除了尽量避免算力放到同一个组织手里，没有太好的办法，这是 PoW 协议规定的。也有人觉得为了算出一个块，大部分算力（特别是没算出来的算力）其实都浪费了。有人提出用所谓的 PoS 和

DPoS(即大节点)作为多个节点代理人的模式来节约算力，那怎么选大节点？又容易导致“富则越富”的问题。无论PoW还是PoS，都无法解决所有问题。要从根本上解决问题，得引入随机代理人制度，通过算法在某段时间内只让部分节点参加计算，并且要发放一部分“普世奖励”给所有在线节点。

8.4 工具

8.4.1 客户端

客户端分为三种：完整客户端、轻量级客户端和在线客户端。完整客户端存储所有的交易历史记录，功能完备；轻量级客户端不保存交易副本，交易需要向别人查询；在线客户端通过网页模式来浏览第三方服务器提供的服务。

8.4.2 矿机

矿机是专门为“挖矿”设计的硬件，包括基于GPU和ASIC的芯片。

8.4.3 脚本

比特币交易支持一种比较简单的脚本语言(类Forth的栈脚本语言)，可以写入UTXO。交易发生时，输入的解锁脚本和输出的锁定脚本进行执行，检验交易合法性。比特币脚本并不支持循环等复杂的流控制，因此它是非图灵完备的。

8.5 共识机制概述

比特币网络是公开的,因此共识协议的稳定性和防攻击性十分关键。比特币区块链采用了 PoW 机制来实现共识,该机制于 1998 年在 Bmoney 设计中提出。目前,Proof of 系列中比较出名的一致性协议包括 PoW 和 PoS,都是通过经济惩罚来限制恶意参与。

8.5.1 工作量证明

工作量证明(PoW)通过计算来猜测一个数值(Nonce),得以解决规定的 hash 问题(来源于 hashcash)。保证在一段时间内,系统中只能出现少数合法提案。同时,这些少量的合法提案会在网络中进行广播,收到的用户进行验证后会基于它认为的最长链上继续难题的计算。因此,系统中可能出现链的分叉(fork),但最终会有一条链成为最长的链。

hash 问题具有不可逆的特点,因此,目前除了暴力计算外,还没有有效的算法进行解决。反之,如果获得符合要求的 Nonce,则说明在概率上付出了对应的算力。谁的算力多,谁最先解决问题的概率就越大。当掌握超过全网一半算力时,从概率上就能控制网络中链的走向,这也是所谓 51%攻击的由来。参与 PoW 计算比赛的人,将付出不小的经济代价(硬件、电力、维护等)。当没有成为首个算出的"幸运儿"时,这些成本都将被沉没。这也保障了,如果有人恶意破坏,需要付出大量的经济成本。也有设计试图将后算出结果者的算力按照一定比例折合进下一轮比赛考虑。

有一个很直观的例子,可以说明为何这种经济博弈模式会确保系统中最长链的唯一。超市付款需要排成一队,可能有人不守规矩要插队。超市管理员会检查队伍,认为最长的一条队伍是合法的,并让不合法的分叉队伍重新排队。只要大部分人不傻,就会自觉在最长的队伍排队。

8.5.2 权益证明

权益证明(PoS)2013年被提出，最早在Peercoin系统中被实现，类似现实生活中的股东机制，拥有股份越多的人越容易获取记账权。典型的过程是通过保证金(代币、资产、名声等具备价值属性的物品即可)来对赌一个合法的块成为新的区块，收益为抵押资本的利息和交易服务费。提供证明的保证金(例如通过转账货币记录)越多，则获得记账权的概率就越大。合法记账者可以获得收益。

PoS试图解决在PoW中大量资源被浪费的缺点。恶意参与者将存在保证金被罚没的风险，即损失经济利益。一般的，对于PoS来说，需要掌握超过全网的资源，才有可能左右最终的结果。这也很容易理解，三个人投票，前两人分别支持一方，这时候，第三方的投票将决定最终结果。PoS也有一些改进的算法，包括授权股权证明机制(DPoS)，即股东们投票选出一个董事会，董事会中成员才有权进行代理记账。

8.6 闪电网络

比特币的交易网络最为人诟病的一点便是交易性能：全网每秒7笔的交易速度，远低于传统的金融交易系统；同时，等待6个块的可信确认导致约一小时的最终确认时间。闪电网络的主要思路十分简单——将大量交易放到比特币区块链之外进行。该设计最早2015年2月在论文*The Bitcoin Lightning Network：Scalable Off—Chain Instant Payments*中提出。

比特币的区块链机制自身提供了很好的可信保障，但是很慢；另一方面考虑，对于大量的小额交易来说，是否真实需要这么高的可信性？闪电网络通过智能合约来完善链下的交易渠道。核心的概念主要有RSMC(Recoverable Sequence Maturity Contract，可撤销的顺序成熟度合同)和

HTLC(Hashed Timelock Contract)。前者解决了链下交易的确认问题,后者解决了支付通道的问题。

8.6.1 RSMC

RSMC 原理很简单,类似准备金机制。先假定交易双方之间存在一个"微支付通道"(资金池)。双方都预存一部分资金到"微支付通道"里,之后每次交易,就对交易后的资金分配方案共同进行确认,同时签字作废旧的版本。当需要提现时,将最终交易结果写到区块链网络中,被最终确认。可以看到,只有在提现时才需要通过区块链。

任何一个版本的方案都需要经过双方的签名认证才合法。任何一方在任何时候都可以提出提现,提现需要提供一个双方都签名过的资金分配方案(意味着肯定是某次交易后的结果)。在一定时间内,如果另外一方提出证明表明这个方案之前被作废了(非最新的交易结果),则资金罚没给质疑成功方。这就确保了没人会拿一个旧的交易结果来提现。另外,即使双方都确认了某次提现,首先提出提现一方的资金到账时间要晚于对方,这就鼓励大家尽量都在链外完成交易。

8.6.2 HTLC

微支付通道是通过 Hashed Timelock Contract 来实现的,中文意思是"哈希的带时钟的合约",就是限时转账。理解起来也很简单,通过智能合约,双方约定转账方先冻结一笔钱,并提供一个 hash 值,如果在一定时间内有人能提出一个字符串,使得它 hash 后的值与已知值匹配(意味着转账方授权了接收方来提现),则这笔钱转给接收方。不太恰当的例子,约定一定时间内,有人知道了某个暗语(可以生成匹配的 hash 值),就可以拿到这个指定的资金。

推广一步，甲想转账给丙，丙先发给甲一个哈希值。甲可以先跟乙签订一份合同，如果你在一定时间内能告诉我一个暗语，我就给你多少钱。乙于是跑去跟丙签订一份合同，如果你告诉我那个暗语，我就给你多少钱。丙于是告诉乙暗语，拿到乙的钱，乙又从甲拿到钱。最终达到的结果是甲转账给丙。这样甲和丙之间似乎构成了一条完整的虚拟的"支付通道"。

HTLC机制可以扩展到多个人，大家可以依此想象并理解闪电网络。

8.6.3　闪电网络概述

RSMC保障了两个人之间的直接交易可以在链下完成，HTLC保障了任意两个人之间的转账都可以通过一条"支付"通道来完成。整合这两种机制，就可以实现任意两个人之间的交易都可以在链下完成了。

在整个交易中，智能合约起到了中介的重要角色，而区块链则确保最终的交易结果被确认。

8.7　侧链

侧链允许资产在比特币区块链和其他链之间互转，可减少核心区块链上发生交易的次数，也来自比特币社区，于2013年12月被提出，2014年4月成立项目。通过简单地复用现有比特币的方式，实现比特币和其他账簿资产在多个区块链间的转移。Blockstream基于侧链技术探索更多功能，已发布商业化应用Liquid，并与普华永道进行相关合作。

本章小结

本章介绍了比特币的相关知识。比特币作为数字货币领域的重大突破，对分布式记账领域有着很深远的影响。虽然在隐私保护等方面，比特币仍然为人诟病，但其底层的区块链技术已经受到重视，在许多方面都具有技术优势。

细分来看，比特币网络系统中并没有特殊创新的技术，它有机地组合了如下领域的已有成果：

- 密码学；
- 博弈论；
- 记账技术；
- 分布式系统；
- 控制论。

甚至可以说，对这些技术的应用并没有达到十分专业的地步。但正是如此巧妙的组合，让它能完成这样一件了不起的创举。这或许就是“大师”与“专家”境界的些许差异。

思考与实践题

1. 什么是比特币？有哪些比较有名的山寨币？
2. 描述比特币账户/地址。
3. 描述比特币交易包含的信息和脚本。
4. 比特币区块包含哪些内容？
5. 描述比特币的设计理念和共识机制。
6. 描述挖矿的过程。
7. 什么是工作量证明？什么是权益证明？
8. 什么是闪电网络？什么是侧链？

第9章　数字货币

学习目标

通过本章的学习，读者将能够：

- 了解数字货币的研究历程；
- 熟悉加密数字代币研究现状；
- 熟悉法定数字货币的研究现状。

近年来，随着比特币为代表的一系列加密数字代币价格不断高涨，区块链“造币”的浪潮愈演愈烈。与此同时，世界各国货币当局纷纷关注法定数字货币的实现技术并进行积极探索，数字货币成为区块链在金融领域应用的重要阵地。

广义的数字货币，从发行机制上可分为两类：不以国家信用为背书发行的加密数字代币与以国家信用为背书发行的法定数字货币。厘清加密数字代币、法定数字货币等数字货币概念的本质，才能找准区块链技术可能在现有货币发行流通机制发挥的作用。

9.1　数字货币研究历程

国际社会对数字货币的探索研究已有三十余年时间。1982年，“数字货币之父”David Chaum在美密会议上发表论文提出利用盲签名构建一个具备匿名性、不可追踪性的电子货币系统，该论文的观点被视为最早的数字货币理论。1990年，David Chaum成立了DigiCash公司，并研发了E-Cash，其后的群盲签名、公平交易、离线交易、货币的可分割性等研究都是在这个基础上展开的。1997 年出现的 Hashcash 使用了工作量证明系统，这后来成为比特币核心要素之一。同年，Haber 和 Stornetta 提出用时间戳保证数字文件安全。1998 年出现的 B-money 则强调点对点交易和交易记录的不可更改。这些早期探索为数字货币的后续研究打下了坚实的基础。

真正让数字货币概念盛行起来的是 2008 年出现的比特币。2008 年 10 月，中本聪发表论文《比特币：一种点对点的电子现金系统》，阐述了比特币点对点、去中心化的核心思想。2009 年 1 月，比特币正式诞生。比特币以区块链技术较好地解决了去中心化、去信任问题，基于算法达成共识稳定运行了十余年，在世界范围内受到追捧，并掀起了区块链“造币”浪潮。

部分国家央行与大型金融机构在“造币”浪潮中研究基于区块链的法定数字货币，探索法定数字货币在货币发行、流通体系中的角色，如英国央行曾提出的 RSCoin。也有金融机构正在研究加密数字代币在金融平台交易和结算中的作用，如瑞士信贷银行的“多用途结算货币”、花旗银行的“花旗币”(Citicoin)。

9.2 加密数字代币研究现状

9.2.1 加密数字代币

1. 加密数字代币特点及应用情况

以比特币为代表的加密数字代币具有三个典型特点：一是无中央发行机构，算法自动产生数字代币；二是采用区块链实现远程点对点流通；三是供求决定价格，代币本身无内在价值。持续高强度的价格波动，使得比特币等加密数字代币更多被人们视为投机资产持有和交易，而非交易媒介。

据 CoinMarketCap 数据显示，截至 2018 年 7 月 20 日，全球已有 797 种

数字货币(coin),市值前三位是比特币、以太币与瑞波币,其中比特币市值约1275亿美元,单价7433美元;全球已有859种代币(token),市值前三位是Tether、Binance Coin与OmiseGO,其中Tether市值约27亿美元,单价约1美元。

除投资投机需求外,加密数字代币已在部分国家或地区用于经济生活支付领域。比如,日本电子零售商BicCamera与日本比特币交易所bitFlyer联合推出比特币支付服务,于2017年4月宣布旗下试点商店接受比特币支付,并于7月把接受比特币支付的选择扩展到了其全国各地的店铺。日本Recruit Lifestyle与日本比特币交易所Coincheck达成合作,帮助其"AirREGI移动支付"购物App接受比特币支付,并于2017年7月宣布AirREGI App开始提供比特币支付选项,持有比特币的消费者可通过扫描AirREGI App上的二维码来支付比特币。英国化妆品巨头Lush于2017年7月宣布其线上商城接受加密数字代币支付,旨在为英国线上商城带来更多的国际订单,通过这个全球性的去中心化货币的应用打开与国际市场、供应商,甚至是各国乡村地区慈善组织合作的大门。

2. 加密数字代币风险

去中心化的加密数字代币体系,以区块链技术为基础,缺少内在价值及政府信用背书,其价格极易受市场预期影响,波动率极高,市场流动性难以得到保证,存在交易匿名、资金可跨国自由流动以及交易不可逆、防篡改等特征,可能给市场参与者及整个金融体系带来多种风险。

一是洗钱及恐怖主义融资风险。加密数字代币体系中服务提供商和用户均为匿名,模糊的交易链使得不法分子易于掩盖其资金来源和投向,这为洗钱、恐怖融资及逃避制裁提供了便利。国际货币基金组织(IMF)、国际清算银行(BIS)、经合组织(OECD)等国际组织,以及英格兰银行、澳大利亚央行、新加坡金融管理局等监管机构都对加密数字代币相关的洗钱及恐怖主义融资风险表示了高度关注。加密数字代币体系很可能作为逃避资本管控的渠道，非法资金可通过加密数字代币体系实现跨国流动，这给打击洗钱、恐怖主义融资活动带来了挑战。

二是金融稳定相关风险。各大国际组织和各国监管机构普遍认为，目前加密数字代币市场价值及交易额较小，且金融机构极少参与，并未对金融稳定造成系统性威胁。IMF 于 2017 年 6 月发布报告，指出随着加密数字代币使用范围和规模的扩大，单个加密数字代币体系风险演变为系统性风险的概率也将提升。此外，加密数字代币体系不具备稳定货币机制的特征，加密数字代币近乎刚性的供给规则可能造成结构性通货紧缩，且加密数字代币体系中没有可以承担最后贷款人角色的公共机构，缺乏最后贷款人为货币稳定提供保障，一旦出现风险事件，加密数字代币兑换商很容易遭到挤兑，对金融稳定造成冲击。

三是消费者权益保护面临的风险。加密数字代币流动性管理难度高，兑换商流动性管理出现问题时，消费者可能无法将加密数字代币兑换为法币。加密数字代币价格出现大幅波动时，持有者很可能遭受资金损失，投资风险极高。加密数字代币体系中的市场参与者几乎不受监管，用户资金安全缺乏保障。由于交易不透明，诈骗者建立虚假的电子商务交易网站，将收集的加密数字代币兑换为任意国家货币而不留任何交易痕迹。不仅如此，去中心化的加密数字代币体系中交易不可逆，且无法律框架明确交易各方之间的权利和义务关系，发生诈骗、盗窃、造假等事件时难以确定哪一方应当为事件负责，消费者权益缺乏保障。

9.2.2 首次代币发行

1. 首次代币发行特点

区块链作为比特币等加密数字代币的底层技术，其防篡改、去中心化等特点引发了各行业的研究和探索，从而逐渐出现了一批区块链创新项目，同时从比特币衍生出来的虚拟代币又成为这些项目的重要融资手段。各场景下的区块链项目开始运用区块链生态系统中内生的首次代币发行(Initial Crypto-Token Offering,ICO)融资方式获得启动和发展资金。

ICO 指的是 ICO 项目方通过出售发行加密代币筹集资金,资金用于项目方启动资金或实现项目由概念设计向现实转化。区块链创业公司不以公司股票或债券为融资工具,而是发行自己的加密代币,通过众筹的方式,交换比特币、以太币等主流数字货币,以达到融资创业的目的。

按照加密代币的类型可分为应用代币、权益代币和资产代币三类。其中应用代币赋予投资者参与区块链项目活动的权利;权益代币用于持有区块链应用的股份,享有收益分红、投票权等;资产代币由现实中的真实资产作为支撑。

2. ICO 风险

作为区块链创业企业前期融资的一种方式,ICO 融资方式日渐活跃。据 CB Insights 数据显示,2017 年全球 ICO 融资金额超过 50 亿美元,而同期区块链领域的风险投资(VC)融资规模约为 7.16 亿美元,如图 9-1、图 9-2 所示。

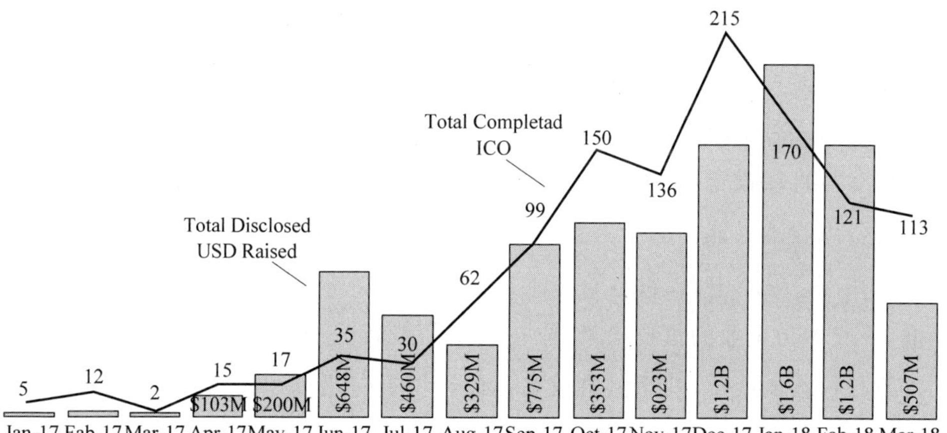

图 9-1 全球已完成的 ICO 融资规模(2017 年 1 月—2018 年 3 月)

数据来源:CB Insights

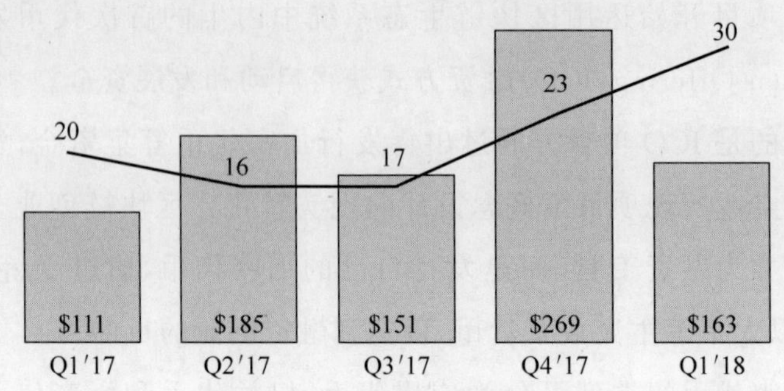

图 9-2 区块链领域 VC 融资趋势(2017Q1—2018Q1)

数据来源：CB Insights

注：数据不含非金融领域投融资情况。

相对于 VC 融资方式，ICO 具有门槛低、退出周期短等特点，但同时这些特点也使得 ICO 项目极具风险。

ICO 投融资门槛低，创业者成本极低，不受监管，而且广泛吸引了风险承担能力较低的普通投资者加入 ICO 大潮。对于创业者来说，寻找 VC 是一个复杂而漫长的过程，企业融资要经过寻找机会、路演、实地调研、评估分析等过程，而 ICO 模式下，创业者只需一份 PPT 或白皮书，营造一些新的概念，即可面向公众筹资，没有任何报备要求和专门的监管，创业者可以有意无意地遗漏那些让投资者能够判断项目合法性的重要信息，成本极低，跑路风险极大。对于投资者来说，VC 方式一般由私募投资基金公司投资，个人很难参与直接投资，而 ICO 模式则拉近了创业者和直接投资者之间的距离，不具备风险承受能力的个人投资者也可以参与投资，受到欺诈的风险极大。

在 VC 模式中，投资者看中的是企业长期发展后的股权分红或 IPO 退出，一般参与企业的重要决策，收益周期一般较长。ICO 一般发行的是不具备股权权益的代币，代币具有较强的流动性，在发行后马上就可以在 ICO 交易平台进行交易，投资者通过交易代币获得收益，且公司运营决策也不需要投资者参与，投资者只有使用权，退出周期短，代币价值直接影响投资者收益，因此大部分 ICO 投资者看中的不是项目内在价值及远期的收益，一般都持严重的投机心态。在这种情况下，与事实严重不符的一些项目，为了提高融资成功率，甚至从事内幕交易，形成利益集团，互相支持吹捧，以持续出售代币不断获取资金。

此外，ICO项目存在较大的法律风险。2017年9月4日，国家七部委联合发文，指出ICO本质是一种未经批准的非法公开融资的行为，涉嫌非法发售代币票券、非法发行证券以及非法集资等违法犯罪活动。与此同时，区块链领域的相关创业项目也屡屡遭受质疑。但在“9·4禁令”发布之后，又陆续出现了IFO(分叉发行)、ITO(通证发行)、IMO(专属设备挖矿)等模式，需引起业界和投资者的高度警惕。

9.2.3 加密数字代币及ICO监管

以比特币为代表的加密数字代币的市场火爆程度远远超出了预期，与此同时，加密数字代币及ICO市场中出现的风险也给现有监管体系带来了诸多挑战。2017年以来，针对虚拟货币和ICO行为，部分国家和地区的金融监管机构采取了一系列具体措施。

美国证监会(SEC)于2017年7月发布DAO调查报告，认定DAO提供和出售的代币属于有价证券，应受联邦证券法调整，对代币的是否是证券的认定，应从交易的经济属性加以判断。自2018年2月以来，美国参议院、众议院中的多个委员会先后围绕虚拟货币监管、区块链技术应用、加密货币及ICO市场、利用区块链技术改善供应链管理等主题，召开四次听证会，既讨论了区块链浪潮中所裹挟的风险，也对技术应用的潜在效益给予了充分关注。

2017年8月，新加坡金管局(MAS)发布《关于在新加坡发售数字代币的监管立场》，明确提出，如果数字代币构成《证券及期货法案》(SFA)第289章中所规定的产品，则在新加坡发行与销售的数字代币应受到新加坡金管局监管。如果数字代币符合SFA中对于证券的定义，除非获得豁免，否则代币发行机构必须在发行之前，向MAS提交招股说明书；除非获得豁免，此类代币的发行和中介机构，还应根据 SFA 和《金融顾问法案》的相关要求，取得牌照，并同等适用反洗钱和反恐怖融资领域的相关规定。此外，为此类代币提供二级交易服务的平台，应根据 SFA 相关规定，经 MAS 批准，作为授权交易所或市场经营机构开展业务活动。

2017 年 9 月，中国香港特别行政区证券及期货事务监察委员会（证监会）发表有关首次代币发行的声明，阐明根据个别 ICO 的事实和情况，所发售或销售的数码代币可能属于《证券及期货条例》所界定的“证券”，并因此受到香港证券法例的规管。虽然在一般 ICO 中发售的数码代币通常被认为具有“虚拟商品”的特点，但某些 ICO 的条款及特点，可能意味着有关数码代币属于“证券”。如 ICO 所涉数码代币符合“证券”定义，需接受香港证监会监管，并取得证券业相关牌照后，方可开展业务。

2017 年 4 月，日本《支付服务修正法案》正式生效，增加了“虚拟货币”章节，引入虚拟货币交易机构的强制登记注册制度，明确包括虚拟货币买卖以及与其他虚拟货币交换、提供媒介、经销及代理、管理交易者资金和虚拟货币的行为应纳入监管的核心业务范围，对交易机构提出明确的行为规范，强化交易机构信息与风险提示义务等。同时，虚拟货币交易机构还应履行新修订的《防止犯罪收益转移法案》中规定的反洗钱相关义务。同年 7 月，日本取消了加密数字代币消费税，批准免除代币交易税，使得日本成为全球最为活跃的加密数字代币交易市场之一。

2018 年 2 月，欧盟三大金融监管机构——欧洲银行业监管局（EBA）、欧洲保险与职业养老金监管局（EIOPA）、欧洲证券与市场监管局（ESMA）联合发布虚拟货币风险提示，指出虚拟货币不具有货币的法定地位，不具备有形资产支持，不受欧盟法律法规监管和保护。虚拟货币风险极高，一般具有较高投机性，因价格急剧波动、信息披露缺失或不完整、缺乏退出保障机制等因素，消费者在购买虚拟货币及与其相关的金融产品时，可能面临极高的投资风险。

2018 年 4 月，印度储备银行宣布禁止其监管的金融机构为国民个人和企业处理加密货币业务和结算，已经提供加密货币服务的金融机构要在一定期限内终止服务。

鉴于加密数字代币从诞生之日起，就具备国际性、超主权性，从监管层面，国际社会应进一步促进共识，在明确非法定货币性质和地位的基础上，确立对于加密数字代币的一致性监管原则，加强对加密数字代币流通以及相关的交易事项和主体的追踪，防止加密数字代币成为洗钱等非法行为的工具。

9.3 法定数字货币研究现状

9.3.1 法定数字货币研究进展

法定数字货币在履行货币职能的同时，相关的支付清算系统有可能成为新一代金融基础设施，并对银行间清算结算、电子支付体系产生深远影响。法定数字货币发行流通体系下，银行金融机构间可能基于区块链部署分布式账本，银行间的大额结算、票据业务将依托分布式账本与数字货币实现结算和清算的合二为一，从而极大提升银行金融机构间清结算效率。在交易支付过程中法定数字货币就是一种新型的电子支付工具，可实现“任意时间、任意地点、使用任意设备”进行交易的功能，势必会与其他电子支付工具形成竞争之势。这些因素都将对货币发行与流通、支付清算体系产生深远影响。当前不少央行已投入相当精力进行法定数字货币的研究。

英格兰银行研究法定数字货币较早，但目前其对法定数字货币的态度有所转变。英格兰银行早在2015年2月就发布研究报告，开始考虑发行官方数字货币，并与伦敦大学合作开发出央行控制的数字货币 RSCoin 代码并进行测试，同时启动其面向更多公司的创业公司加速器。2018年3月，英格兰银行行长 Mark Carney 曾公开表示，英格兰银行对创建中央银行数字货币(CBDC)持“开放态度”，但一个流通使用的、可靠的 CBDC 并不是近期就能实现的，主要原因在于分布式账本技术目前尚不成熟，以及为所有人提供中央银行账户可能存在风险。

巴巴多斯央行与区块链初创公司 Bitt 于 2016 年 2 月合作发行了基于区块链的数字货币巴巴多斯元，在区块链上正式发行法币。Bitt 的巴巴多斯元可作为数字资产使用，并且其价值等同于政府发行货币。公司数字货币交易记录将以点对点形式存储在 Bitt 钱包中，方便政府和当地监管机构进行监控。

丹麦央行于 2016 年 12 月确定工作重点由纸钞转向数字货币 E-krone 项目的研发，计划发行自己的基于区块链的数字货币作为其储备货币，并进一步计划将本国货币数字化。但是考虑到区块链和数字货币概念在技术和密码评估方面还需要进一步完善，需要对相关技术进行持续跟踪和研究。同时，民众期待财务自由和隐私，所以中央银行还未决定是否应该监测和跟踪本国人民的交易。

相比于全球其他央行，中国人民银行对待数字货币的态度一直较为前瞻主动。2016 年 1 月 20 日，中国人民银行在数字货币研讨会上首次对外公开发行数字货币目标，同年 11 月，中国人民银行印制科学研究所公开招聘相关专业人员，从事数字货币研究与开发工作。随后，央行数字票据交易平台原型系统测试成功。2017 年 7 月，央行数字货币研究所正式成立。2018 年 1 月，央行副行长范一飞向公众介绍数字货币推进进展，指出我国央行数字货币应采取双层投放体系，必须保证央行在投放过程中的中心地位。2018 年“两会”期间，央行行长周小川指出央行最新动作是与业界共同组织分布式研发，依靠和市场共同合作的方式研发数字货币。

9.3.2 法定数字货币面临的挑战

法定数字货币的发行与流通，除技术体系与发行环境外，仍有很多方面的限制因素需要逐一克服。

法定数字货币必须解决安全方面的隐患。迄今为止，安全性一直是制约数字货币发展的最重要的瓶颈因素之一。数字货币的使用者一般将其存储在移动设备、计算机或在线钱包中。如果其设备丢失或损坏，用户就会丢失其拥有的数字货币。此外，存放在在线钱包中也有可能被黑客攻击而窃取。目前，公有链系统存在51%攻击隐患，对于国家法定货币来说，这样的安全威胁是不能容忍的。

法定数字货币在个人隐私保护和信息公开方面需要进一步权衡利弊。数字货币以纯数字化形式存储，以身份信息代码和私钥作为确定所有权归属的重要依据，并主要以信息传输方式实现所有权转移的特征，使得数字货币比传统货币面临更为严峻的个人信息保护问题——一旦个人信息泄露，不仅可能侵犯个人隐私，而且还可能导致个人丧失对数字货币本身的控制，进而侵犯其财产权益。实践中，黑客攻击、相关参与主体泄密、系统缺陷等原因都可能导致信息泄露，如电子认证服务中心保存的用户身份信息及数字货币绑定的身份代码泄露、数字货币客户端中数量和面额信息被窃取，以及受理数字货币的商户非法获取和泄露交易信息等。针对上述风险，除应采取技术保护措施以外，还应建立相应的法律保护制度。

9.3.3 区块链技术与法定数字货币

区块链技术对数字货币的发展有着重要影响，尤其是以比特币为代表的加密数字代币，更是视区块链为其核心。法定数字货币是否必须依托区块链发行流通呢？答案是否定的。

区块链不是法定数字货币的唯一实现技术。中国人民银行数字货币研究所所长姚前曾指出，建议将数字货币与比特币、区块链松绑，区块链只是法定数字货币的可选技术之一。不可否认，区块链在以比特币为代表的加密数字代币领域表现得非常优异，但优异不代表唯一。区块链只是可以作为法定数字货币的底层技术之一，这是一项可选技术。应当具体分析研究区块链的技术特性、模式与架构哪些适合应用于法定数字货币领域，哪些不适合。仔细甄别后灵活使用，如果以区块链的特性为主反推法定数字货币的研究，那就本末倒置了。比特币分叉等事件反映了“点对点”的区块链技术尚处于初级阶段，需要看清楚区块链的不足，需要认识到区块链技术不仅不是加密数字代币可选择的唯一实现技术，更不是法定数字货币的唯一实现技术。事实上传统集中化技术和区块链的“点对点”技术各有优劣势。从技术的成熟性看，未来法定数字货币也有采用集中化技术的可能性。

不过，区块链对法定数字货币的研究与实践也有较高的借鉴价值，如共识机制、加密算法、对等系统与智能合约等方面，都将对法定数字货币的发行和流通机制的建立产生深远影响。银行等金融机构的现行系统多采取分布式架构，分布式架构在保证各节点数据一致性的策略中，所需处理的意外事务通常只考虑普通故障，如节点发生宕机、网络出现部分阻塞等非人为情况，未纳入恶意节点等人为因素。而依托区块链进行部署的系统，其保障各节点数据一致性的策略中，可基于区块链去中心化的特性忽略节点宕机与网络部分阻塞等普通故障的影响，直接考虑存在恶意节点的情况，并通过区块链的拜占庭共识协议随时防范恶意节点的攻击，这为法定数字货币的系统设计提供了很好的借鉴。此外，区块链的智能合约特性为智能化操作奠定了必要基础，能够对以法定数字货币为基础的支付工具提供有益的设计参考。

展望未来，法定数字货币的实践应用，一定是结合经济生活的实际需求再采取合适的技术方式来实现的，因此说区块链是有益的参考，但不是唯一方案。

本章小结

依托区块链技术的数字货币在比特币的成功后如雨后春笋般出现在大众视野中，作为数字货币的典型代表，比特币的高速发展吸引了不少投资客的目光，全球多个交易所支持比特币交易，其剧烈波动的市价、可被用于洗钱的特性以及传播扩散效率之高，促使全球开始关注和研究此类新型货币对经济运行和金融稳定的影响与冲击。从目前发展来看，数字货币只有通过法定发行方式得到国家信用背书，才能有持续有效发展的可能，已有的数字货币均以区块链技术为基础，而法定数字货币却不一定采取区块链技术架构。本章从数字货币研究历程、加密数字代币研究现状、法定数字货币研究现状对数字货币的发展做了综述。

思考与实践题

1. 描述加密数字代币的特点及应用情况。
2. 加密数字代币的风险有哪些？
3. ICO 的特点是什么？
4. ICO 有哪些风险？
5. 法定数字货币面临的挑战有哪些？

第 10 章　区块链应用案例研究

学习目标

通过本章的学习,读者将能够:

- 了解食药监区块链平台现状及存在的问题;
- 理解食药监区块链平台建设方案;
- 了解区块链 36 个典型应用;
- 熟悉贸易金融区块链平台的技术机理与现实意义。

10.1　食药监区块链平台

10.1.1　现状及存在的问题

纸质凭证电子化是食药监未来的发展趋势,顺应形势发展需要,保障食品药品安全面临的挑战如图 10-1 所示。

10.1.2　食药监区块链平台建设方案

电子凭证:基于数据桥接、区块链技术和电子签章技术,在数据信息的产生与流转过程中,数据信息可追溯、防篡改,其承载内容所代表的行为与结果为相关各方所认可的电子媒介。

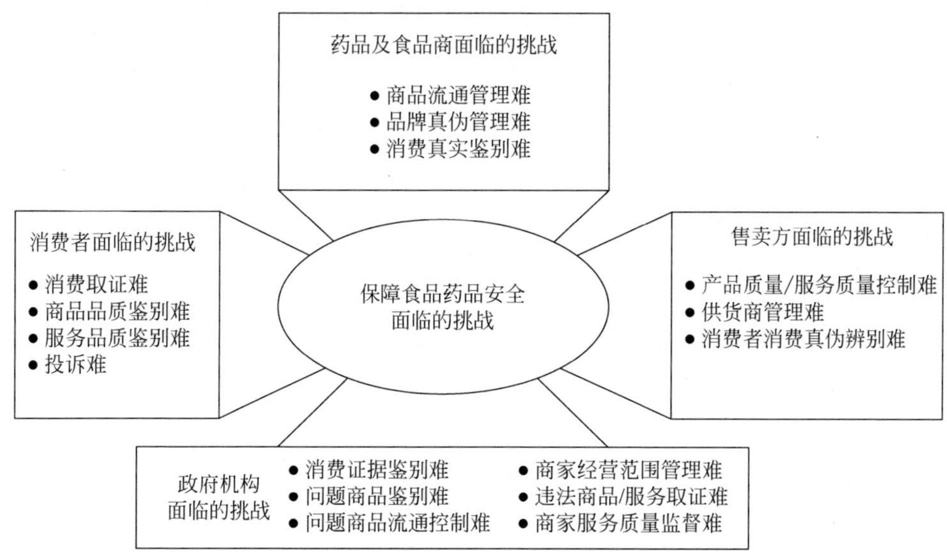

图 10-1　保障食品药品安全面临的挑战

电子凭证的价值：独立监测在业务进行中获得过程数据，源头数据无法作假和篡改；源数据采用角色认证和行为数据加密的方式，确保源数据的可靠安全；目标数据和源数据采用区块链架构进行存储和管理，实现数据的公信和相关角色间的共享。

电子凭证系统的数据桥接技术：从源头获取真实交易数据。行业专用字库，数据桥接准确率高。不需要改造收银系统，对于商户零打扰，加密传输，数据安全性高。

电子凭证系统的电子签章技术：利用图像处理技术将电子签名操作转化为与纸质文件盖章操作相同的可视效果，使用符合 PKI 技术体系的 RSA 加密算法完成电子签名。

签章服务功能：文档签章功能确定对当前的文档进行可视化盖章，能签在文档的任何位置；签章验证功能验证签章人身份的真实性与可靠性；文档验证功能使任何人都可以对文档的完整性进行验证，保障电子信息的真实性和完整性，以及签名人的不可否认性。

电子凭证系统的票证区块链技术：采用区块链私有链，建立权责分布体系，按照数据贡献划分区块链中的角色；区块链中的规则由公信权利方和数据生产关联方共同制定，确保区块链私有链的价值和平衡；使用交易内容与链路地址关联算法，确保每笔交易和存储的关联密度。泛零售交易的特征是多方参与，交易数据各方高度关联，并且各自存储，各方对数据的真实同步要求强烈；各方的生产经营都要求数据的安全和建立相互间数据的互信；各方强烈需要交易的透明和效率，降低数据核对、追踪、管理成本，如图 10-2 所示。

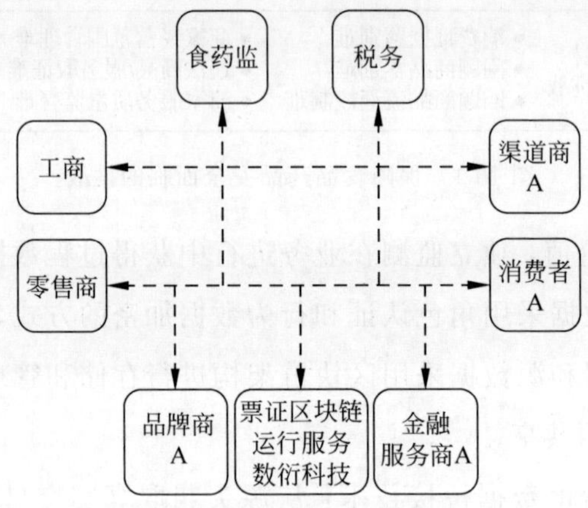

图 10-2　票证区块链参与各方关联示意图

电子凭证系统的电子签章保障电子凭证生产、流转过程，如图 10-3 所示。

电子凭证系统消费者凭证如图 10-4 所示。

电子凭证系统商家凭证如图 10-5 所示。

电子凭证系统品牌商凭证如图 10-6 所示。

电子凭证系统国内唯一可规模化快速部署、分发的产品体系如图 10-7 所示。

电子凭证系统与传统纸质凭证的优势比较如图 10-8 所示。

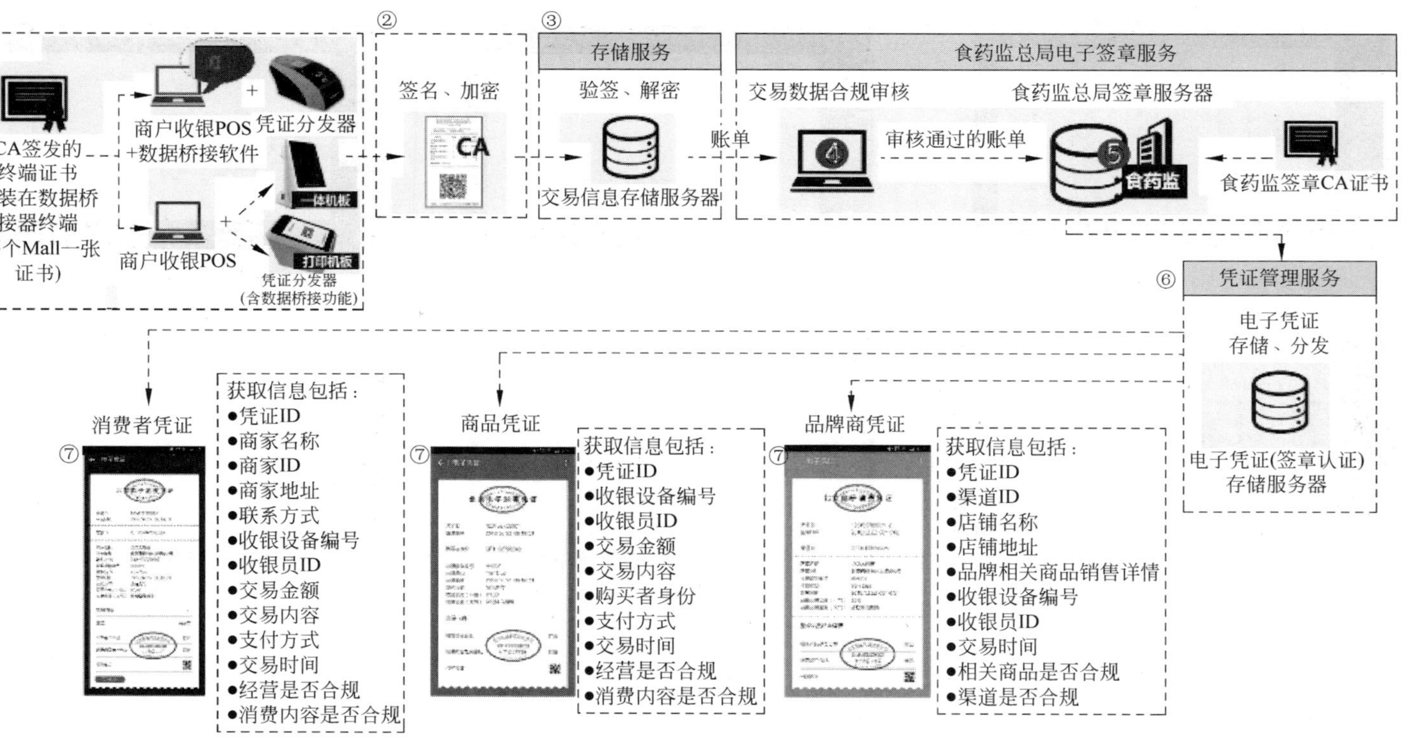

图 10-3　电子凭证生产、流转过程图

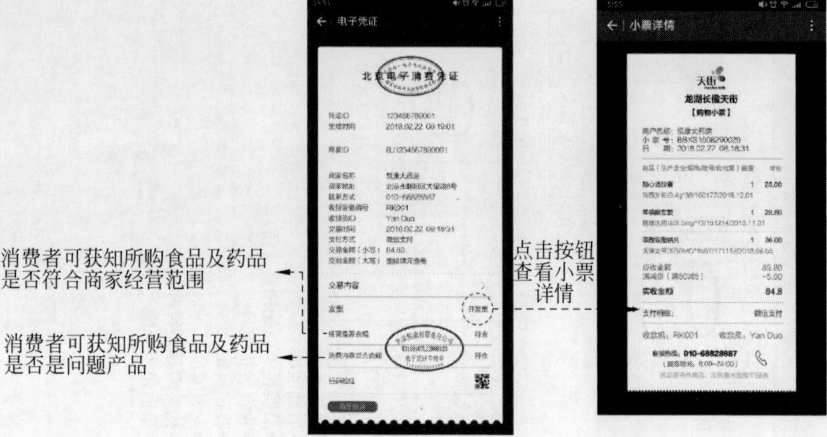

图 10-4　消费者凭证示意图

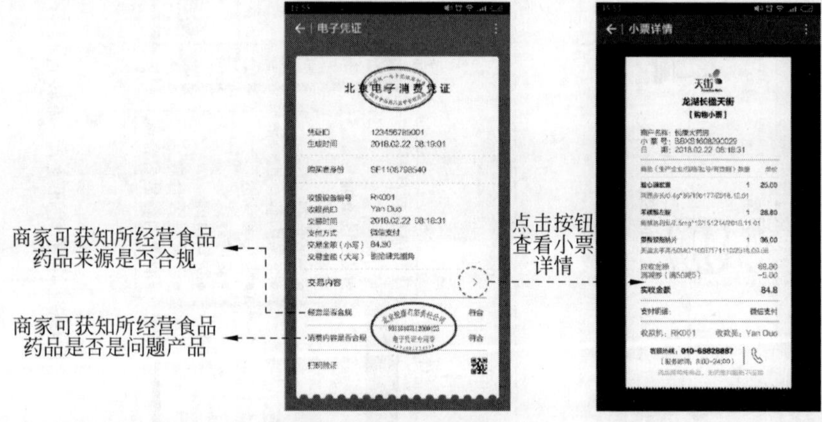

图 10-5　商家凭证示意图

图 10-6　品牌商凭证示意图

①
收银PC
数据桥接软件
小票打印机
销售小票追打二维码
交易数据
②
收银PC
凭证分发器-硬件
凭证分发器-软件
凭证分发二维码
微信扫码
交易数据
消费者身份数据
数衍科技技术
食药监区块链
平台服务
电子交易凭证(永久保存)
(购物中心内大药房生成电子凭证示例)
支付信息
支付金额
支付方式
支付身份
优惠金额
支付时间等
商家信息
商家名称
商家地点
消费者信息
消费者身份信息
消费者会员信息
账单信息
账单流水号
交易时间
交易金额
商品信息
商品名称
(品牌商)
单品详情
单品数量
单品金额
各类线下
消费场景
交易凭证
酒店
交易
凭证
餐饮
交易
凭证
零售
消费
凭证
医院
就诊
凭证
…

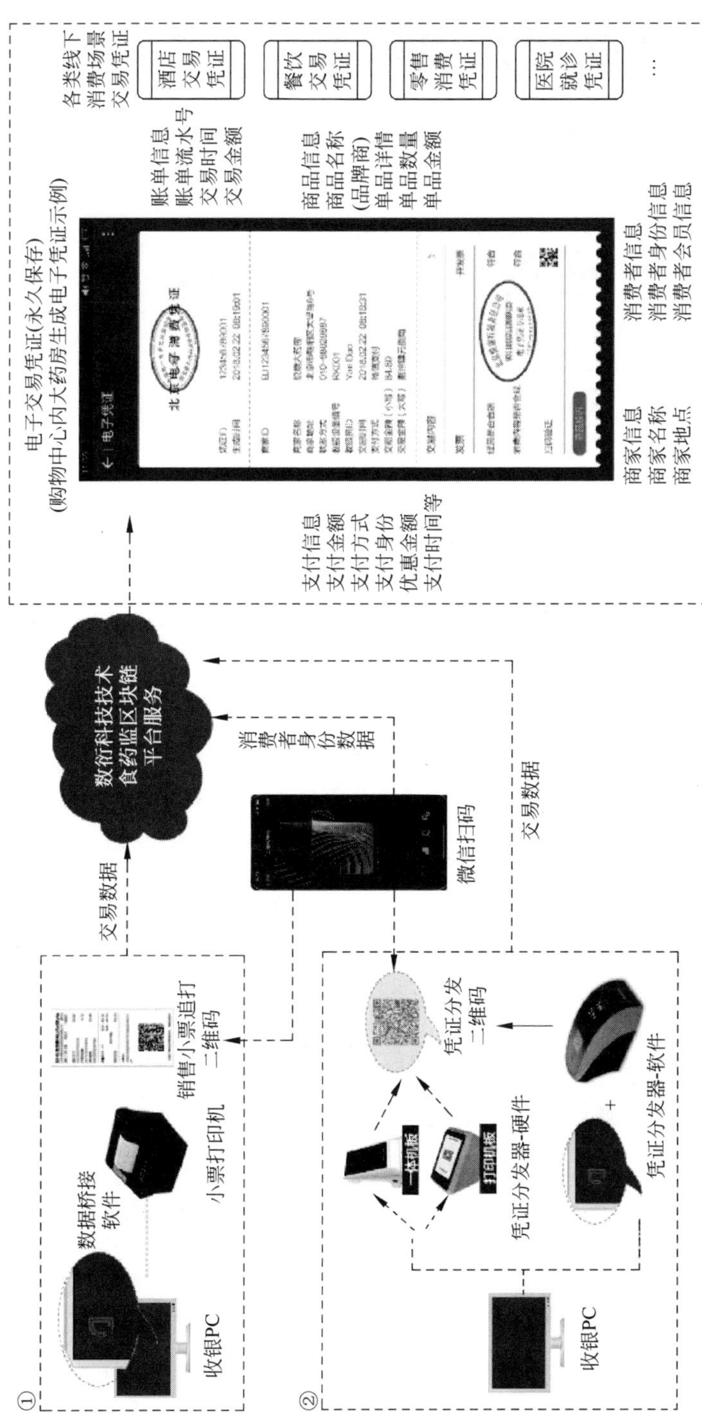

图 10-7　产品体系图

凭证类型	公信力	信息的完整性	唯一性	保存耐久性	服务和管理的延展性
电子凭证	应用数据桥接技术和区块链技术，涵盖链路的相关各方，防篡改、可追溯	涵盖交易全链条的数据	完整体系确保凭证的唯一性	永久保存	基于完整数据的全链应用服务
	品牌商、分销商、终端零售商、政府相关委办局、消费者	产品数据、库存数据、分销数据、销售数据、销售过程数据、消费者支付行为数据、消费者个人数据	数据桥接技术、电子签章技术结合区块链，形成数据的公信力和凭证的唯一性	分布保存在不同角色的加密认证数据库中	服务于品牌商、分销商、终端零售商、政府相关委办局、消费者等各个角色
纸质凭证	不具约束力的交易明细	只是交易结果数据	无系统体系确保唯一性	无法长久安全保存	无法进行互动服务的扩展
	终端零售商、消费者	销售结果数据	易仿制、易篡改	无法长久安全保存	非互动媒介和信息的不完整，决定了应用扩展的不可能

图 10-8　电子凭证系统与传统纸质凭证的优势比较图

食药监区块链平台是消费者及商户权益双向保障，食品药品安全保障平台上是消费者真实交易数据，让验证商家、消费者权益保障成为可能。食品药品安全保障平台功能如图 10-9 所示。

消费者权益保障平台衍生系统中使用相关技术确保数据的完整性、防篡改、可追溯；系统中各角色对于在系统中产生的行为、数据和信息的权威性的认可和对系统约定规则的遵守；系统中各角色的分工是依据各角色关注的自身利益为基础；基于基础系统产生的衍生系统是满足各角色刚性需求而产生的应用系统。平台中各方分工及服务如图 10-10 所示。

数据驱动，权威、公正、实时、可追溯的电子凭证数据，消费者权益、商家权益、品牌商权益通过保障平台，可视、可查、可监、可溯；所有以电子凭证为证据，用数据说话。如何保护消费者和商家权益如图 10-11 所示。

食品药品质量监督：电子凭证优化消费者、食药监监督部门、品牌商对食品药品质量追溯流程如图 10-12 所示。

问题食品药品实时下架：电子凭证具有权威性，其作为证据，可简化烦琐的多方取证。电子凭证相关多方：消费者、工商监督、食药监、品牌商及商家，同消费者购买商品建立关联，让商品质量责任方，可追溯、可监、可控。不需要

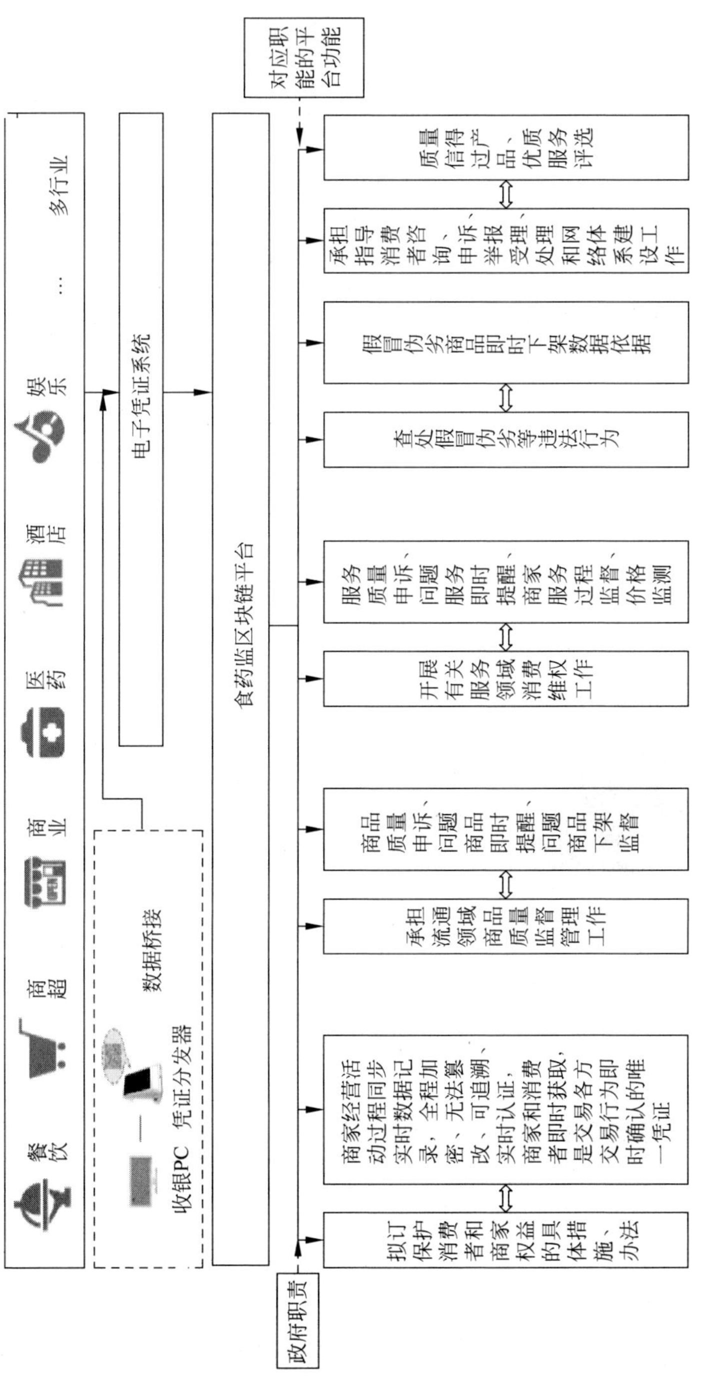

图 10-9　食品药品安全保障平台功能图

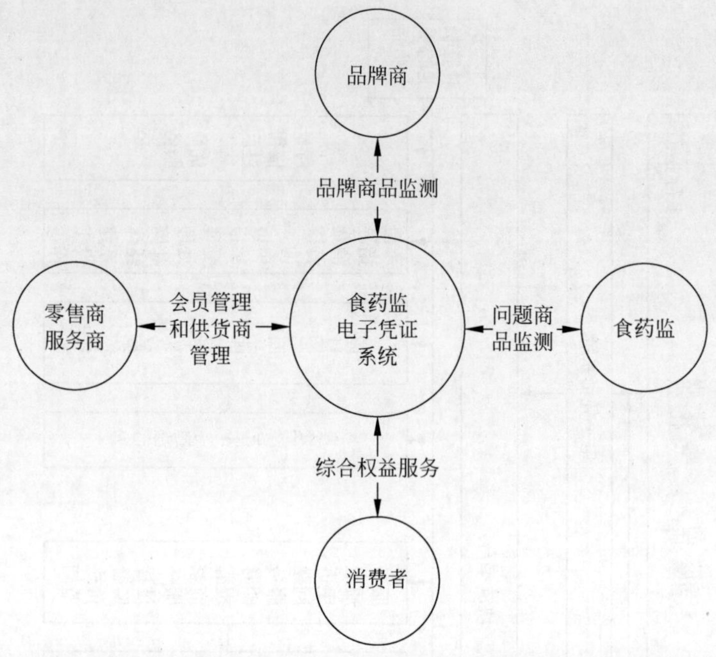

图 10-10　平台中各方分工及服务

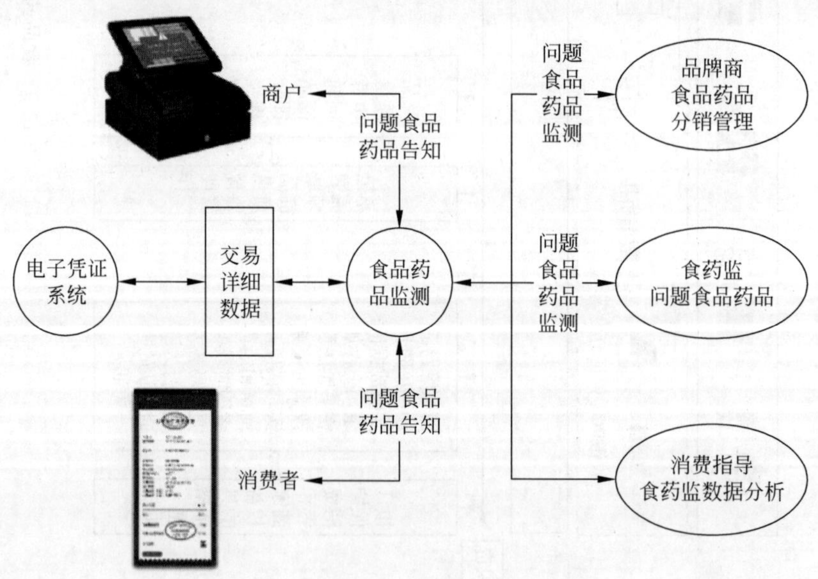

图 10-11　保护消费者和商家权益流程图

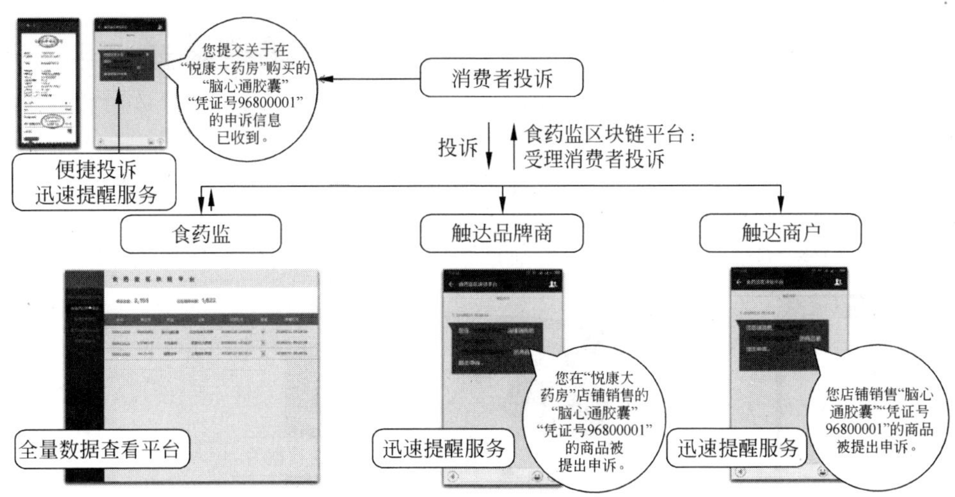

图 10-12 食品药品质量追溯流程图

多方人工取证，监督食品药品流通环节质量，如图 10-13 所示。

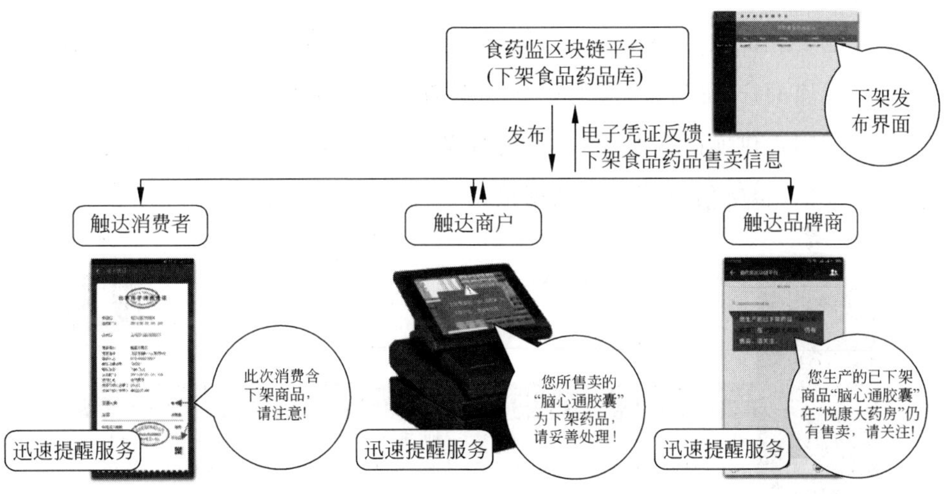

图 10-13 问题食品药品实时下架流程图

问题食品药品出货管理：电子凭证使商品出货管理多方取证简化。通过品牌商商品经销管理系统，实时比对零售商在库和售出商品总数，纠察零售商假冒行为；实时提醒消费者，消除违法灰色利益，如图 10-14 所示。

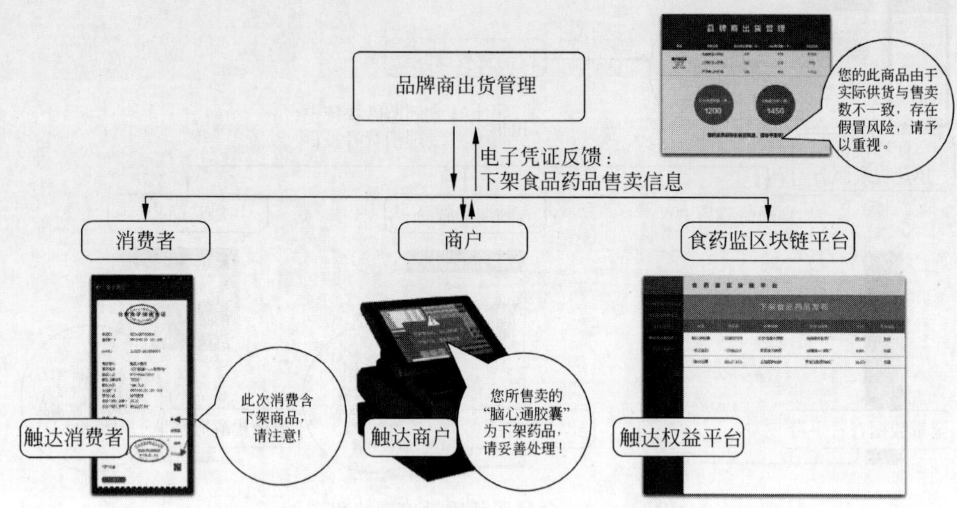

图 10-14　问题食品药品出货管理流程图

咨询、系统工程建设：真实交易评选下的放心产品、优质商户、品牌系统建设。电子凭证数据，基于商品、服务的点评数据，沉淀放心商品库；综合指数排行优质商户、品牌商，实时指导线下消费；实时数据交换平台，为其他政府协同部门提供实际商品质量、流通环节质量、价格监测、经济统计、商家及消费者征信、金融信贷等提供数据接口，如图 10-15 所示。

食药监区块链平台

系统工程建设

质量信得过产品：1,235,745　优质服务商家：1,018　优质供应商：658

质量信得过产品

商品	销售数量	评价	申诉	商家信息	供应商信息	价格
感健感冒药	125,255,362	★★★★★	8	贵州康江药房	黑龙江第一制药厂	36.00
卡托普利	5,245,768	★★★★★	11	河南星星大药房	河南康健制药厂	9.90
苯磺酸左旋	2,321,118	★★★★★	58	施瑞达药业	江西惠兴制药有限公司	15.50

图 10-15　食药监区块链平台

面向消费者应用功能包括：①保护消费者和商家权益。消费即电子凭证获取；电子凭证数据防篡改、实时记录；国家食品药品专用章为消费者提供三方认可权威保障；平台维护的电子凭证可作为维权的凭证；依据凭证，实时追踪、查询问题商户、食品药品供应商稽查情况；依据凭证，根据食药监公开信息主动维权。②食品药品质量监督。食品药品质量评级、基于电子凭证购买商品点评；依据电子凭证，查询历史消费中产品质量；消费食品药品质量申诉入口；历史消费食品药品问题，即时消息提醒；问题食品药品下架提醒。③消费服务维权。商家服务质量申诉入口；问题服务消息提醒、同类食品药品价格参考、查询。④问题食品药品。问题食品药品查询。⑤咨询、系统工程建设。质量信得过产品查询；优质服务商家、供应商查询。

面向商户、食品药品供应商应用功能包括：①保护消费者和商家权益。国家食品药品专用章为消费者提供三方认可权威保障；消费数据防篡改、实时记录；平台维护的电子凭证可作为假票据敲诈商户时的核查凭证；平台通过比对电子凭证数据与国家政策、标准规范等，给出在诸如三包、退换货时双方信息及认知不同情况下的权威信息，减少纠纷；依据电子凭证数据，实时追踪、查询纠纷处理进程。②食品药品质量监督。实时、历史商家问题食品药品查询、统计；消费者申诉问题食品药品，即时消息提醒；问题食品药品下架通知。③消费服务维权。实时、历史服务问题查询、统计；问题服务消息提醒、查询。④问题食品药品。问题食品药品消息预警、下架通知；历史问题食品药品售卖对商家、供应商信用影响查询。⑤咨询、系统工程建设。质量信得过产品、优质服务商家评选活动信息查询；质量信得过产品、优质服务商家评选结果、进度查询。

面向食药监监管部门应用功能包括：①保护消费者和商家权益。从消费者、商品、商家、价格、支付、供应商等各信息维度，提供食药监权威信息发布；消费权威信息查询、统计；消费者权益年度分析报告；平台通过签章的电子凭证作为维权证据，探索解决各种维权难问题。②食品药品质量监督。

实时、历史商家问题食品药品查询、统计；为食药监部门提供实际食品药品质量流通监测数据接口。③消费服务维权。实时、历史服务问题查询、进度查询、处理结果查询及统计；问题服务处理流程消息提醒、查询。④问题食品药品。问题食品药品稽查预警、稽查结果反馈、下架通知、处罚通知。⑤咨询、系统工程建设。质量信得过产品、优质服务商家评选活动通知、评选进度、结果公示查询、统计；为其他政府协同部门提供实际商品质量、流通环节质量、价格监测、经济统计、商家及消费者征信、金融信贷等的数据接口；依据商户经营投诉数据，推出百姓放心商铺等挂牌认证监管，提升食药监监管的权威性。

食药监区块链平台业务及管理创新：推进以电子凭证数据为核心的社会共治；提升消费维权效能；扩展维权渠道；夯实维权凭证数据基础；提升食药监区块链平台服务效能；为消费者、商户、供应商、食药监协同社会维权共治，促进消费健康发展提供基础。

10.2 36个典型应用

区块链技术是利用区块链式数据结构来验证与存储数据、利用分布式节点共识算法来生成和更新数据、利用密码学的方式保证数据传输和访问的安全、利用由自动化脚本代码组成的智能合约来编程和操作数据的一种全新的分布式基础架构与计算方式。其应用场景与发展前景，对实体产业与互联网技术的进步，将产生重大的积极意义。

(1) 银行业。本质上来说，银行是一个安全的存储仓库和价值的交换中心，而区块链作为一种数字化的、安全的以及防篡改的总账账簿可以达到相同的功效。瑞士银行UBS和在英国的巴克莱银行都已经开始进行实验，希望将它作为一种方法来加速推动后台系统功能以及清结算能力。银行业的一些机构声称区块链可能减少200亿美元的中间人成本。这并不令人惊奇，银行作为越来越多的金融服务巨头的一分子，正在区块链创业领域中投资。

R3CEV公司，这个金融联合体已经有了50家公司，他们正在为金融行业开发定制化的区块链。Thought Machine集团已经开发了名为Vault OS的基于私链技术以及加密总账账簿的银行系统，无论开业多久或规模多大的银行都可适应这套安全的点对点金融系统。

(2) 支付和现金交易。世界经济论坛声称去中心化支付技术，类似比特币，可以因现金交易模式而改变"商业架构"，现今的架构已经固定存在了一百余年。区块链，可能绕开这些笨重的系统，创建一个更直接的支付流，它可在国内或跨国界，并且不需要中介，以超低费率几乎瞬时速度的方式支付。有一家创业公司正在利用区块链技术为全球的比特币以及基于区块链技术传输的现金交易而服务。

(3) 股票交易。很多年来，许多公司致力于使得买进、卖出、交易股票的过程变得容易。新兴区块链创业公司认为，区块链技术可以使这一过程更加安全和自动化，并且比以往任何解决方案都要更有效率。Overstock公司的子公司T0.com想要应用区块链技术实现股票交易的网络化。*Wired*杂志报告说，Overstock公司已经实现了应用区块链发行私有债券，现在SEC(美国证券交易委员会)已经批准T0.com发行公有债券。与此同时，区块链初创公司Chain正和纳斯达克合作，通过区块链实现私有公司的股权交易。

(4) 供应链金融。基于区块链的供应链金融和贸易金融是基于分布式网络改造现有的大规模协作流程的典型。区块链可以缓解信息不对称的问题，十分适合供应链金融的发展。供应链中商品从卖家到买家伴随着货币支付活动，在高信贷成本和企业现金流需求的背景下，金融服务公司提供商品转移和货款支付保障。供应链溯源防伪、交易验真、及时清算的特点将解决现有贸易金融网络中的诸多痛点，塑造下一代供应链金融的基础设施。

(5) 可编程金融。金融资产的交易是相关各方之间基于一定交易规则达成的合约。可编程金融意味着代码能充分表达这些业务合约的逻辑。智能合约使区块链的功能不再局限于发送、接受和存储财产。资产所有者不需要通过各种中介机构就能直接发起交易。

(6) 跨境银行间清算。银行间清算市场是区块链另一个极其适合应用的场景。与互助保险类似,参与清算系统的各银行之间也是平等的关系,不过与互助保险相反,银行清算具有极大的市场价值,但是实现起来困难重重。

每个银行都会有自己的清算系统,用户在支付和转账的时候,就会在银行间形成交易,分别被两个银行记录,这就涉及银行间对账和结算的问题。根据麦肯锡的测算,区块链技术可以将跨国交易的成本从每笔 26 美元降低到 15 美元。高盛也在一份报告中指出,区块链技术将为资本市场每年节约 60 亿美元的成本。

(7) 学术研究。Holbertson 是一家位于美国加利福尼亚州的提供软件技术培训课程的学校,宣布将使用区块链技术认证学历证书。这将确保学生声称在 Holbertson 通过的课程,都是他们实际被鉴定合格的。如果更多的学校开始采用公开透明的学历证书、成绩单和文凭,可能更容易解决学历欺诈的问题,更不用说时间和成本的节约,并避免人工检查和减少纸质文件。

(8) 选举。选举需要对选民身份认证、安全保存记录以追踪选票,以及能够信赖的计数器来决定谁是胜选者。区块链可以为投票过程、选票跟踪和统计选票而服务,以至于不会存在选民欺诈、记录丢失或者不公平的行为。基于在区块链上的投票交易,选民会同意最终计数,因为他们可以计算自己的票,因为区块链的审计线索,可以确认没有票被修改或删除,并没有不正当投票。Follow My Vote 是一家被 Kickstarter 众筹资助的企业,它决心建设一套端到端可验证的在线投票系统。

(9) 汽车业。支付巨头Visa和DocuSign宣布合伙使用区块链建立一个概念证明来简化汽车租赁过程，并把它建成一个“点击，签约，和驾驶”的过程。未来，客户选择他们想要租赁的汽车，进入区块链的公共总账；坐在驾驶座上，客户签订租赁协议和保险政策，区块链同步更新信息。这不是想象，对于汽车销售和汽车登记来说，这种类型的过程也可能会发展为现实。

(10) 物联网。IBM和三星公司一直致力于一个理念，称为ADEPT，使用区块链技术形成一个物联网设备去中心化网络的主体。根据CoinDesk网站消息，ADEPT作为匿名的去中心化的点对点遥感技术，区块链可以成为大量设备的一种公共账簿，它们将不再需要有一个中央化的路由在它们之间居中交通。

在没有了中央控制系统来验证之后，设备将能够互相匿名传输，并管理软件的更新、错误，或者进行能源管理。其他公司也希望在物联网平台中整合区块链技术。例如，Filament公司正在使用区块链来建设一种去中心化网络，希望传感器可以互相传输。该公司已获得了A轮500万美元的投资，Verizon投资公司和三星投资公司都参与了本次投资。

(11) 预测。整个研究、分析、咨询预测行业将被区块链所震撼。在线众筹平台Augur希望在去中心化的预测市场投资。这家公司宣称它将提供一种服务，它就像一种普通的赌博交易场所。这整个过程将去中心化，并将不仅提供场所让用户对体育和股票进行下注，还可投注在其他方面，例如选举和自然灾害。这个主意将超越体育彩票，而创建一个“预测市场”。

(12) 在线音乐。许多音乐艺术家为了使在线音乐更加公平地共享，转而使用区块链技术。据Biilbord报道，三家公司准备为艺术家建立更加直接的支付通道来解决支付问题，通过自动化智能合约来解决认证问题。

PeerTracks系统仍然在开发中，其目的是提供一个音乐流平台，让用户可以在线听音乐并使用区块链技术在无中介的情况下直接支付给艺术家。这个平台也希望在艺术家和客户之间建立更直接的激励方式。除了流媒体，Ujo将是一个更好的分类艺术家和创作者的歌曲的方法；同时像自动化大脑一样在音乐列表背后使用智能合约。

(13) 共享乘车。Uber 搭车应用程序似乎是去中心化的反面案例,一个公司作为一个调度中心,利用其算法来控制他们负责的车队司机。以色列创业公司 la'zooz 想成为一个“反 UBER”。它使用自己的专有的数字货币,类似比特币,使用区块链数字化技术记录货币。人们可以不再使用一个集中的网络出租车叫车服务,人们用 la'zooz 找到其他人的旅行路线,并通过交换数字货币来进行搭车。有些数字货币将可以在未来搭车的交易中使用。用户挖掘数字货币的过程可让这个 App 跟踪他们的位置。

(14) 房地产。买卖产权的过程中的痛点在于:交易过程中和交易后不够透明,大量的文书工作,潜在的欺诈行为,公共记录中的错误,等等,而这些还仅仅只是一部分。区块链提供了一个途径去实现无纸化和快速交易的需求。房地产区块链应用可以帮助记录、追溯和转移地契、房契、留置权等,还给金融公司、产权公司和抵押公司提供了一个平台。区块链技术致力于安全保存文件,同时增强透明性,降低成本。

(15) 保险。AirBnB、Tujia、Wimdu 等公司为人们提供了一个途径去暂时交换资产——包括私有住宅——来产生价值。可问题在于,人们几乎无法在这些平台上为他们的资产上保险。与区块链初创公司 Stratumn 一起,专业服务公司德勤和支付服务提供商 Lemonway 发布了基于区块链的解决方案,被称作 LenderBot。

它是一款为共享经济而设计的微保险概念产品,并且证实了区块链应用与服务在保险行业中的潜力。LenderBot 允许人们注册个性化的微保险产品,并可以通过 Facebook Messenger 进行交流。其目标是为个人之间交换的高价值物品进行投保,而区块链在贷款合同中扮演着第三方的角色。

(16) 医疗。一直以来,医疗机构都无法在各平台上安全地共享数据。数据提供商之间更好的数据合作意味着更精确的诊断、更有效的治疗,以及提升医疗系统提供经济划算的医疗服务的整体能力。区块链技术可以让医院、患者和医疗利益链上的各方在区块链网络里共享数据,而不必担忧数据的安全性和完整性。

初创公司 Gem 发布了 Gem 健康网络，提供了一个实现多重签名和多因素验证技术的以太坊平台，去创造出一个安全通用的数据结构。Tierion 是另一个区块链初创公司，其建立了一个医疗数据存储和验证的平台。Gem 和 Tierion 均和飞利浦医疗保健公司在飞利浦区块链实验室进行合作。

（17）政府。政务信息、项目招标等信息公开透明，政府工作通常受公众关注和监督，由于区块链技术能够保证信息的透明性和不可更改性，对政府透明化管理的落实有很大的作用。政府项目招标存在一定的信息不透明性，而企业在密封投标过程中也存在信息泄露风险。区块链能够保证投标信息无法被篡改，并能保证信息的透明性，在彼此不信任的竞争者之间形成信任共识。并能够通过区块链安排后续的智能合约，保证项目的建设进度，一定程度上防止了腐败的滋生。

（18）公益。公益流程中相关的信息，如捐赠项目、募集明细、资金流向等信息都可以存放在区块链上进行公示。在一些更复杂的公益场景，如定向捐赠、有条件捐赠，也可以用智能合约进行管理，使公益行为更加透明，可被社会监管。福利救助的分配是另一个区块链技术可以应用的领域，区块链可以使公共管理更加简单、安全。GovCoin Systems Limited 公司是一家总部位于伦敦的金融科技公司，正在支持英国政府在福利分配领域的工作。

（19）体育。对运动员进行投资逐渐成为体育管理机构和公司的关注点，但是区块链通过民主化粉丝的能力去获得现在的体育明星在未来的金融股份，可以将投资运动员的过程去中心化。这一利用区块链去投资运动员并获得收益的概念并没有大规模被尝试。

TheJetcoin Institute 提出了虚拟货币(Jetcoin)的概念，即粉丝可以用虚拟货币来投资他们喜爱的运动员，然后有机会获得运动员未来收益的一部分，包括 VIP 活动和观赛座位升级等。Jetcoin 已经与意大利的 Hellas Verona 足球队达成合作去实现这一想法。

(20) 供应链管理。区块链技术最具普遍应用性的方面之一就是它使得交易更加安全,监管更加透明。简单来说,供应链就是一系列交易节点,它连接着产品从供应端到销售端或终端的全过程。从生产到销售,产品历经了供应链的多个环节,有了区块链技术,交易就会被永久性、去中心化地记录,这降低了时间延误、成本和人工错误。

许多区块链初创公司涌入这一领域:Provenance 正在为原材料和产品建立一个可追溯系统,Fluent 提供了一个全球供应链借贷平台,Skuchain 为 B2B 交易和供应链金融市场创造了一些基于区块链的产品。

(21) 能源管理。能源管理是另一个长久以来高度中心化的产业。在美国,如果你想交易能源,你必须经过一个可信任的能源持有公司,例如 Duke Energy;在英国则是国家电网,或者与已经从大的电力公司购买完的再销售方进行交易。

初创公司,例如 Transactive Grid,这是 LO3 Energy 和在布鲁克林的以太坊机构 Consensys 的合资公司,应用以太坊区块链技术来允许消费者在去中心化的能源生产架构中进行交易,并且允许人们有效地生产能源和邻居之间买卖能源。

(22) 云存储。目前提供云存储的公司大都将客户数据放在中心化的数据库中,这提高了黑客盗取信息的危害性。区块链云存储方案允许去中心化的存储。Stori 的云存储网络产品的 Beta 版,旨在提升数据安全性,降低在云端存储信息的交易成本。

Stori 用户甚至还可以出租他们未使用的电子存储空间,这或许能创造一个众包的云存储空间容量的新市场。

(23) 礼品卡和会员项目。区块链可以帮助提供礼品卡和会员项目的零售商,使得他们的系统更廉价、更安全。几乎不用任何中间人来处理销售交易和礼品卡的发行,应用区块链技术的礼品卡的获取过程和使用过程将更加有效和廉价。同样的,区块链独有的验证技术使得防欺诈手段进一步升级,可以减少成本、阻止非法用户获取被盗账户。

Gyft 是 First Data 旗下的一家购买、赠送、兑换礼品卡的在线平台，其正在与区块链架构提供商 Chain 进行合作，在区块链上为数以千计的小商户提供礼品卡业务，这一项目被称作 Gyft Block。

(24) 智能合同。智能合同是一种旨在以信息化方式传播、验证或执行合同的计算机协议。和普通程序一样，智能合同也是一种“如果—然后”功能，但区块链技术实现了这些“合同”的自动填写，不需要人工介入。这种合同最终可能会取代法律行业的核心业务，即在商业和民事领域起草和管理合同的业务。

(25) 电子商务。区块链在电子商务领域的应用代表是 OpenBazaar。这是一个开源项目，目的是创建一个使用比特币的去中心化且不受约束的点对点电子商务网络。该平台不同于其同行，相对于访问购物网站，该平台能够被下载下来，并直接将用户与其他正在寻找商品和服务买家或卖家的人连接。火币区块链研究中心了解到，消费者如今将可以使用除比特币之外的多种数字资产在 OpenBazaar 上进行购物。

(26) 身份验证。BitNation（比特国）是一个将区块链技术应用到公民管理问题上的系统。BitNation 宣布使用以太坊智能合约编写了 140 行代码，建立了世界上第一个虚拟的无国界、去中心化的自治国家宪法。

该组织由 Susanne Tarkowski Tempelhof 创立，其倡导无边界管理，并已建立起自己的虚拟国度。为了合法化这种声明，它已建立了一套工具以及服务，也许某一天它甚至可以允许人们用区块链身份来取代他们的国民身份。当然，前提是其他地域界定国家承认区块链作为政府记录安全和合法的存储库。

(27) 大数据。区块链以其可信任性、安全性和不可篡改性，让更多数据被解放出来。用一个典型案例来说明，即区块链是如何推进基因测序大数据产生的。区块链测序可以利用私钥限制访问权限，从而规避法律对个人获取基因数据的限制问题，并且利用分布式计算资源，低成本完成测序服务。区块链的安全性让测序成为工业化的解决方案，实现了全球规模的测序，从而推进数据的海量增长。

基于全网共识为基础的数据可信的区块链数据，是不可篡改的、全历史的，也使数据的质量获得前所未有的强信任背书，使数据库的发展进入一个新时代。

(28) 数字证书。第一个在数字证书领域进行探索的是 MIT 的媒体实验室。媒体实验室发布的 Blockcert 是一个基于比特币区块链的数字学位证书开放标准。发布人创建一个包含一些基本信息的数字文件，例如证书授予者的姓名、发行方的名字(麻省理工学院媒体实验室)、发行日期等。然后使用一个仅有 Media Lab 能够访问的私钥，对证书内容进行签名，并为证书本身追加该签名。接下来，发布人会创建一个哈希，这是一个短字符串，用来验证没有人篡改证书内容。最后，再次使用私钥，在比特币区块链上创建一个记录，表明我们在某个日期为某人颁发了某一证书。

(29) 公证防伪。公证通(Factom)利用比特币的区块链技术来革新商业社会和政府部门的数据管理和数据记录方式，也可以被理解为是一个不可撤销的发布系统，系统中的数据一经发布，便不可撤销，提供了一份准确、可验证，且无法篡改的审计跟踪记录。利用区块链技术帮助各种各样应用程序的开发，包括审计系统、医疗信息记录、供应链管理、投票系统、财产契据、法律应用、金融系统等。

Factom 说这个区块链系统将会给医护人员和医院带来他们所需要的实时数据。例如，一个医疗专业人员可以通过智能手机获取信息；查看婴儿的疫苗接种记录；感染艾滋病毒的人可通过 Factom 区块链访问自己的病毒载量测量结果。

(30) 文件存储。Storj 是一种开源对象存储平台，类似于 AWS S3 或者微软 Azure Blob 存储。Storj 希望通过直观的工具和文档，一种现代 API 和一种开源先试再买的方法来使对象存储的使用更加容易。这一切主要来源于区块链的能力。可以将 Storj 想象为一种分布式云存储网络，适用于存储目前的静态内容，不过未来的存储对象远不止如此。

这种基于区块链的去中心化允许开发者以一种安全的、高性能的和廉价的方式来存储数据，将数据散布在许多节点上。至于数据的安全性，区块链的方法就意味着每一个文件都是被切碎的，并且使用你自己的密钥进行加密，然后散布在网络上，直到你准备再使用这个文件。需要检索的时候，这些文件就会被解密，并迅速地无缝重新组装起来。

(31) 物流。新加坡某公司利用区块链技术，来帮助物流公司调度车队。Yojee 是一家成立于 2015 年 1 月的新加坡公司，Yojee 已经构建了使用人工智能和区块链的软件，充分利用现有的最后一英里交付基础设施来帮助物流企业调整它们的车队。

针对电子商务公司，Yojee 推出了一个名为 Chatbot 的软件，帮助电商公司在没有人的情况下预订送货。Chatbot 可以将客户的详细信息(地址、交货时间等)馈送到系统，然后系统自动安排正确的快递。

(32) 社交通信。区块链在社交通信领域的代表产品是 Twister，Twister 是去中心化的社交网络，推特的替代品。理论上，没有任何人和机构能够关闭它。在 Twister 上，其他用户不知道你是否在线、你的 IP 地址、你关注了谁，这是保护用户隐私的刻意设计。用户仍然可以使用 Twister 发布公开信息，但是用户向其他人发送的私人信息被加密保护，该加密方法是 LavaBit 公司常用的加密方法。LavaBit 公司是斯诺登使用的电子邮件服务提供商。

(33) 溯源、防伪。追踪记录有形商品或无形信息的流转链条。通过对每一次流转的登记，实现追溯产地、防伪鉴证、根据溯源信息优化供应链、提供供应链金融服务等目标。

把区块链技术应用在溯源、防伪、优化供应链上的内在逻辑和前文所述的数据存证场景非常类似——数据不可篡改和加盖时间戳。区块链在登记结算场景上的实时对账能力，在数据存证场景上的不可篡改和时间戳能力，为溯源、防伪、供应链场景提供了有力的工具。

(34) 安全需求问题。IBM 一直在想办法加快这一技术的实现，它制定了一套全新框架来安全地运行区块链网络，在IBM云平台上推出了新服务，来满足现有监管及安全需求。安全是区块链应用面临阻碍的重要原因，IBM已经着手开始解决安全需求问题，他们根据联邦信息处理标准（FIPS 140-2）以及业内评估保证级（EAL）来支持区块链技术在政府、金融服务及医疗保健方面的应用。

（35）大宗商品。结合区块链技术去中心化、去信任、分布式账簿、可靠数据库等特点和优势来看，这项技术与大宗商品交易领域有很多值得关注的可结合点，如果能够以区块链技术为核心支撑技术，在大宗商品交易领域研究和开发基于区块链技术的交易模式和交易系统，将可大幅减少可疑交易，降低监管成本，促进市场透明化和监管的便捷性。

（36）分布式商业平台。区块链将P2P的交易系统带入能源领域。Power Ledger是一个澳大利亚的太阳能电力交易系统。这个系统可以为电能的生产者和使用者建立直接的联系并进行交易，而不需要充当中介的电力公司。

在这个交易平台上，用户可以直接将剩余电能直接卖给其他用户，价格也高于直接出售给电力公司。这样一来，电能的生产者显然获得了更大的收益，电能的消费者也获得了更低的用电成本，可谓两全其美。电力公司也转型成为分布式系统平台提供商（Distributed System Platform Provider，DSPP），并将现有的落后电网系统升级，转变为个人微电网的集合体。

10.3 贸易金融区块链平台的技术机理与现实意义

10.3.1 概述

小微企业贡献了我国60%以上的GDP、50%以上的税收以及80%的城镇就业岗位，是我国经济的重要组成部分。长期以来，我国中小微企业融资难、融资贵的问题未得到根本性解决。2018年9月，中国人民银行数字货币研究所与深圳人行主导推动建立湾区贸易金融区块链平台，助力缓解我国小微企业融资难、融资贵问题。本章阐释了贸易金融区块链平台的技术机理、模式、优势与现实意义，并对湾区贸易金融区块链平台的未来建设进行了展望。

10.3.2　现行贸易融资业务模式的缺点及其解决思路

目前的业务模式，贸易双方高度依赖人工交叉核查，以判定各种纸质贸易单据的真实性和准确性。银行在为客户办理贸易融资业务时，也是通过人工的情报资料收集、信息对比验证、现场实地考察和监督，来了解客户情况和贸易背景，开展业务风险控制以及贷后管理。

这导致四方面的贸易融资问题：一是核验成本高。银行须花费大量时间和人工，核实纸质贸易资料的真实性，且纸质贸易单据的传递或差错会延迟货物的转移以及资金的收付，造成业务的高度不确定性。二是信息不完整。贸易融资生态链涉及多个参与者，单个参与者都只能获得部分的交易信息、物流信息和资金流信息，信息透明度不高。三是重复融资、虚假融资的监管难度大。由于银行间信息互不联通，监管数据获取滞后，不法企业“钻空子”，以同一单据重复融资，或虚构交易背景和物权凭证，比如2012年江浙地区出现的钢贸融资虚假仓单以及2015年珠三角地区出现的黄金珠宝加工企业构造贸易融资投机套利。四是增加融资成本。由于以上先天不足，为了保证贸易融资自偿性，银行往往要求企业缴纳保证金，或提供抵押、质押、担保等，因此提高了中小微企业的融资门槛，增加了融资成本。

针对上述缺陷，可采取如下解决方案：一是首先推动贸易单据无纸化。鼓励和引导企业使用电子贸易单据，逐步减少纸质单据。与纸质相比，电子单据更容易传输和处理，更容易实现自动化。随着电子合同的使用环境日渐成熟，现有技术（比如区块链）已能很好应对数据伪造、篡改等问题，贸易无纸化的客观条件已经具备。二是在贸易无纸化的基础上，构造贸易协作平台。贸易双方通过贸易协作平台发送电子单据和其他贸易报文,可以提高贸易信息的透明度和可得性,提升法律、会计、报关、物流、仓储、结算、融资等贸易服务效率和质量,降低成本。对于监管而言,贸易协作平台还能够提供更加完整和全面的贸易流程数据,展示贸易全景视图,便于监管。三是以贸易协作平台为支点,发展贸易金融。贸易协作平台监管可见、可介入,底层资产可穿透,风险更可控,适宜发展金融资产转让的二级市场,更好地提高资金使用效率,满足贸易主体融资需求。同时,还可作为金融创新沙盒,试点金融科技产品,发展监管科技,既促进贸易金融创新,又规范市场健康发展。

10.3.3 基于区块链技术的贸易金融平台的优势

区块链技术有三方面特点:一是数据难以篡改,可承载价值。与纸质凭证相比,电子数据容易复制和修改,当其用来承载价值,存在风险隐患,区块链技术则通过共识机制设计,使电子数据难以篡改并让复制无效,成功避免了电子数据的缺点,为数据存证的应用创造了基础条件,“价值互联网”成为可能。二是账本公开、数据自主流转。参与方依协议共同维护一个公共账本,每一笔交易经全体共识后记账。公共账本上的数据全体可见,可有效保证数据主体的访问权和数据可携权,赋予数据主体对自身数据更为灵活的处置能力。通过数据链上、链下分级加密存储,可在数据安全和隐私的前提下,保证数据的准确性和不可篡改,实现数据在不同应用间更高效的自主流转,符合 GDPR 发布后的技术发展趋势。三是参与方对等、网状协作。这为参与方之间没有显著的层级或从属关系的跨机构协调提供了便利,无须在组织结构上进行协商,只要将业务规则固化到区块链的初始设置中即可开展,简单快捷。

可以说,区块链系统天生就适合做成多方协作的平台,是新一代通用开放平台的首选技术架构。区块链技术可为贸易金融平台提供一个更为灵活、开放的系统架构，具有独特的优势。

区块链可以发挥用户网络效应和应用协同效应。贸易金融业务的特点是规模大，场景庞杂，参与者众，难以用一个系统、一个机构服务所有客户和全部场景，因此传统上采用“分而治之”的方式建设系统，这就带来了一个问题：不管是按照行业划分还是按照业务类型划分，都很难最大化地发挥用户的网络效应（平台的价值随着用户数量的增加而增加）以及场景的协同效应（synergy：一加一大于二，整体大于部分的总和）。区块链技术的应用，则可以让平台尽可能承载更多业务场景，在同一个平台实现数据、用户的统一，使不同业务场景可在同一个平台上实现交互协同，从而发挥网络效应和协同效应。

区块链可以整合更多的数据源和政府资源。贸易金融业务是一个社会系统工程。它的顺利开展离不开政府部门（工商、税务、海关、法院、交通等）以及众多贸易服务商的参与。这就涉及各方数据传输和资源整合的问题。

传统上，政府各部门往往各建平台，对外提供服务，相关企业各自对接，但由于数据治权和安全考虑，政府各部门之间的数据无法打通，因此在数据传输和共享上，政府各部门之间以及政府和企业之间的系统需要两两对接。基于这样一个技术架构，接入成本随着系统数量快速上升。为解决这个问题，可以参考企业信息化的系统集成经验。针对系统集成，企业设置一个企业服务总线（ESB）作为数据集中交换的通道，并在 ESB 中对数据格式、规范等进行统一，使得数据可在企业各信息系统间更为有序、高效流转。同样，政府的信息系统集成也可以采用相似的技术架构，将贸易金融平台作为政府服务总线（GSB），由政府各部门共建、共治、共享，实现信息整合和服务集成。

作为一种便利的多方协作技术，区块链可以在不触及数据治权的情况下，实现数据的共享，因此基于区块链技术的贸易融资平台更容易得到政府各部门、企业和银行的支持，最大程度降低了贸易金融平台的建设难度。

10.3.4 现有贸易金融区块链平台模式的比较分析

区块链技术兴起后，“贸易＋金融”一直是区块链行业的热点领域，吸引了众多科技创业公司、核心企业以及金融机构进入。贸易金融区块链平台主要有四种业务模式。

模式一：单一企业，单一场景。这类系统通常由某企业发起，根据其场景需求，依托其掌握的资源进行研发，比如 TCL 区块链金单、富士康 Chained Finance 等。系统目的是，利用核心企业在供应链中的优势地位，整合资源，降低供应链成本。系统主要利用区块链技术数据难以篡改的技术特性，为平台增信，解决核心企业、供应商、保理商等多方机构的互信问题。这类系统的问题在于，企业的金融业务创新具有很大的不确定性，导致银行等金融机构加入时顾虑重重，而且缺少监管，容易在方向上走偏，这体现了非金融企业运营金融业务系统的先天不足。

模式二：银行主导，企业客户参与。这类系统以某个银行为核心，服务于其企业客户。主要通过利用分布式记账、智能合约等技术，扩大数据共享范围，以此降低运营成本、提高业务效率、增强服务能力，提供更多金融产品。随着实践的深入，各家银行逐渐意识到，业务越是向前推进，彼此间的合作需求也就越加强烈，但由于各建系统，大家都希望其他银行加入到自己的区块链系统中开展业务，谁加入谁成为博弈难题。虽然 BAAS(Backend as a Service，后端即服务)能够复用底层的技术平台，但更重要的是不同业务系统数据和用户的打通，以及业务系统之间的协同工作。倘若不同系统之间没有联通，客户、资产、数据等基础资源无法复用。

模式三：多家银行联盟。正是看到银行单打独斗的不足和局限，因此出现了第三种模式。多家银行组成联盟，共建区块链平台，以实现客户和资源复用。代表性平台有北欧银行、汇丰银行、UniCredit、比利时联合银行等 9 家欧洲银行联合发起的 We. Trade 区块链平台，以及 R3 联合渣打、法国巴黎银行、曼谷银行等八家银行共建的 Marco Polo 平台等。此类平台是综合性区块链平台，有多个发起方，面向某个领域的多个应用场景。区块链的一大优势在于，它是一个多方间的协作平台，只有更多参与方进入，才能更好地发挥系统的网络效应，也只有更多参与方加入，带入更多资源和业务往来，形成更多业务场景，最终才会有多个场景应用间的协同效应。模式三即发挥了区块链技术的网络优势效应。

模式四：公共部门推动的平台。贸易金融场景复杂，它的顺利开展，除了商业公司提供的服务，也离不开海关、税务、仲裁、评级、行业协会等政府部门和民间机构所提供的公共服务。某种意义上来说，贸易金融不仅是资金需求和提供方的内部事务，而且还是一个公共事务，需要诸多社会群体的参与。这就使得一个理想的贸易金融平台具有一定的公共属性。为了更好地服务于实体经济，政府往往有必要推进公共服务平台的建设，比如我国香港特别行政区金管局推动的 HKTFP。此类模式的优点在于，由于政府部门出于公共利益的推动，平台很好地解决了建设主体和治理机制的纷争，打通了用户、场景和公共服务，实现资源整合，而且也便于政府监管，提升监管效率。

10.3.5　湾区贸易金融区块链平台的特点与未来展望

鉴于模式四，中国人民银行数字货币研究所与深圳人行主导推动建立湾区贸易金融区块链平台，致力于打造立足粤港澳大湾区，面向全国，辐射全球的开放金融贸易生态。在这一平台，若资料齐全，从客户提交贷款申请到银行完成放款，操作时长只需 20 分钟左右，大大缩短了贸易融资时间，提升贸易融资效率，降低了中小微企业融资成本。展望未来，湾区贸易金融区块链平台将继续完善机制建设，大力促进技术创新和业务创新，从而在服务中小微企业融资，激发企业创新活力，服务国家实体经济等方面发挥更加积极的作用。

大力完善湾区贸易金融区块链平台治理机制。一个平台的成功依赖于整个平台生态的繁荣，因此不仅需要开放性的技术架构，还需要凝聚共识的治理机制以及市场化的运营方式，来充分调动平台参与方的积极性，吸引更多银行和企业参与和使用，从而聚集更多数据和资源，最大程度地发挥网络效应和协同效应。平台以社区化的方式运营，建立开放的治理机制，成立一个监管机构牵头的业务委员会和一个平台运维公司牵头的技术委员会。平台参与方可以开发自己的应用，经业务委员会评审通过后，进驻平台的应用商店，供平台的所有用户使用。平台的参与方也可以提交技术改进提案，经充分讨论并经技术委员会评审后，加入到平台的待开发特性列表中。

不断推进湾区贸易金融区块链平台技术创新和业务创新。湾区贸易金融区块链平台在技术架构上，需要做好分层架构，具备足够的弹性，以支持第三方开发者根据贸易双方的特定业务需求，开发定制应用并部署到平台。平台应支持新应用的热部署，不需要平台运维的支持或介入，第三方应用开发完成后，经过业务评审、技术测试、安全评估后，依流程自主完成部署工作。平台技术架构最终应该开源开放，允许并鼓励参与方引入不同的技术研发力量，基于不同的技术栈构建节点服务，对外提供服务。平台架构设计应具有主动演化的能力，技术上要持续跟进新趋势，组织结构上要包容新业务场景和新参与方，面向未来促进技术创新和业务模式创新。湾区贸易金融区块链平台还将积极推进平台标准的制定工作，包括数据、技术、业务标准，积极参与行业和国际标准制定，推广平台协议，以形成一批有影响力的数据协议和技术标准。

找准定位，做好“三通一平”的基础工作。为了平台生态的繁荣，平台运营主体要做好平台“三通一平”的工作。一是“通数据”。数据由海关、口岸、检疫、物流、仓储、协会、数据公司等接入，运营主体应该专注做好基础数据的完善，和政府各部门紧密合作，保证数据的权威性和全面性，以支撑上层应用的需求。二是“通用户”。区块链是一个天然的身份系统，可以提供更好的KYC(Know Your Customer，了解你的用户)服务，平台可以从KYC系统出发，整合多方面的用户数据源，发挥应用和用户的网络效应。三是“通政策”。贸易金融区块链平台业务委员会可以发挥与监管机构的沟通协调窗口作用，在合理可控的前提下进行创新，创新成果可以为政策制定提供参考，进而形成良性互动和正向反馈。在监管机构的参与下，平台将成为监管科技的一个示范项目，展现创新如何与监管良性互动。四是“技术平台建设”。在技术平台建设上，平台运营主体将秉持开放心态，向业内领先经验学习，与银行、第三方科技公司、院校、研究机构等展开广泛合作以打造一个行业领先的优秀技术平台。

10.3.6　结语

区块链技术为贸易金融平台提供了一个更为灵活、开放的系统架构。基于区块链技术的贸易金融平台能够很好地解决传统上依靠人工，业务效率低，融资成本高，重复融资、虚假融资风险大等贸易金融难题。在央行公信力和区块链技术的双重加持下，湾区贸易金融区块链平台正显现自己独特的优势，为解决我国小微企业融资难、融资贵问题，提供了一种金融科技视角下的有效方案。

本章小结

区块链技术已在世界各地呈现方兴未艾的发展态势。从业务上看，借助区块链的安全特性与信任机制，将成为发展数字经济的重要技术引擎，可以在多行业领域发挥作用，行业应用领域发展潜力巨大。但从行业 IT 系统需求的角度来看，要在区块链上构建应用，需要区块链解决方案具备强大的三个底层能力：一是完善的新旧系统兼容/切换能力；二是全新的系统安全能力；三是适用多场景的用户隐私保护能力。

思考与实践题

1. 描述食药监区块链平台建设方案。
2. 举例说明区块链技术典型应用。
3. 描述现行贸易融资业务模式存在的问题。
4. 基于区块链技术的贸易金融平台的优势是什么？
5. 分析现有贸易金融区块链平台模式。
6. 描述湾区贸易金融区块链平台的特点。

第 11 章　区块链技术与金融创新

学习目标

通过本章的学习，读者将能够：

- 了解区块链技术的原理及特性；
- 熟悉区块链技术在商业银行业务创新中的应用；
- 了解区块链技术在商业银行应用中存在的问题；
- 熟悉商业银行应用区块链技术的应对策略；
- 了解"区块链＋"金融支农模式创新；
- 熟悉传统供应链金融模式和存在的问题，理解基于区块链的供应链金融新模式。

11.1　区块链技术在商业银行传统业务创新中的应用

11.1.1　引言

在金融科技不断深化发展的今天，区块链技术作为信息技术领域的最新成果，凭借其去中心化、点对点支付、信息传播充分、可追溯性强、数据动态更新等优势特征，对商业银行业务模式创新和基础设施的升级都产生了重要影响。就目前来看，国际上各大金融企业均在紧锣密鼓地针对区块链技术的应用展开研究。2015 年 9 月，R3 区块链联盟成立，其主要目的是建立基于区块链技术的全球资金清算系统，已吸引了包括富国银行、美国银行、纽约梅隆银行、花旗银行等 42 家金融企业的参与，中国平安银行和招商银行分别于 2016 年 5 月和 9 月加入了该联盟；瑞士联合银行(UBS)已开发了包括支付结算、智慧化金融资产的发行与交易等二十几项基于区块链技术的融合金融服务；德国联邦金融监管局(Ba Fin)建立了区块链跨境资金清算系统，并将该技术应用于银行间的资金往来交易及交易数据存储等领域。受到这些成功案例的影响，我国的各大银行也开展了对区块链技术的研究和探索，如光大银行开发的区块链慈善捐助平台、兴业银行推出的区块链防伪系统、邮储银行开发的资产托管业务平台、招商银行开发的跨境直联清算平台及工商银行开发的区块链精准扶贫系统等。为进一步推进区块链技术与商业银行传统业务的深度融合和业务模式的转型升级，本章将针对区块链技术的原理及特性，对其在我国商业银行传统业务领域可能的应用场景、应用模式及存在的问题进行探讨，并结合我国目前的金融实践提出具体的改进策略。

11.1.2 区块链技术的原理及特性

1. 区块链技术的原理

区块链技术是一种基于分布式数据存储、点对点传输、共识机制、加密算法等计算机技术实现的网络存储、验证、传递和交流的新型技术方案。区块链目前较为成熟的应用即是作为数字货币的底层支撑技术，下面以比特币为例对区块链的运行机制进行剖析，具体工作过程如图 11-1 所示。

(1) 广播新交易。当一笔新交易发生时，发起交易的节点会将交易的私钥和原始数据发送给区块链网络中其他的参与节点，即进行全网广播。

(2) 收集交易。各节点将收集到的交易数据(即未验证的交易 hash 值)打包放入区块，每个区块可以容纳数百笔甚至上千笔交易的数据信息。

(3) 验证交易，生成新区块。各节点通过 PoW 的计算来竞争记账权，验证交易的有效性，从而生成新的有效区块。具体表现为全网各参与节点通

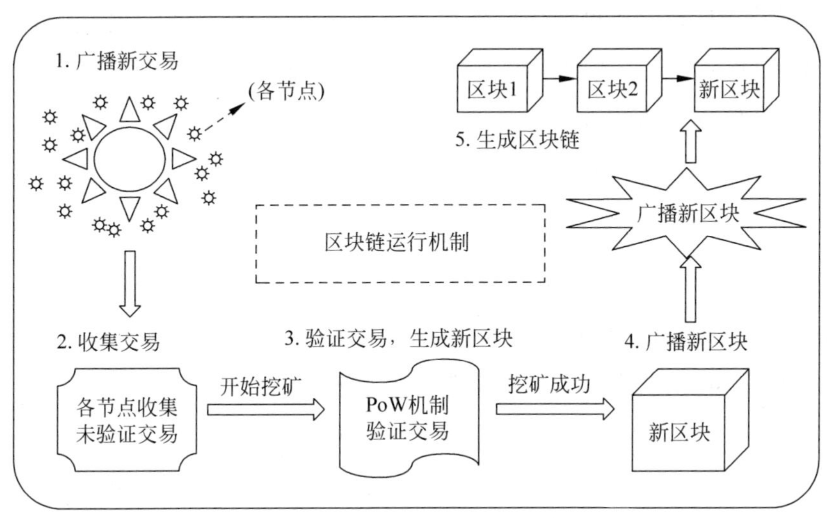

图 11-1 区块链工作运行机制图

过非对称加密算法找出私钥对应的公钥，最先计算出结果的节点可以获得该笔交易的记账权，生成新区块，并得到“矿工”的奖励，这就是所谓的“挖矿”工作。

(4) 广播新区块。得到验证权的节点将新生成的有效区块记账数据广播给全部节点，由其他节点再次验证交易信息，之后全网同步进行数据更新。

(5) 生成区块链。所有节点一旦接受该区块后，新区块与旧区块相连形成永久性、可追溯且无法再篡改的链状数据结构。先前 PoW 计算中未获得记账权的区块会失效，各节点将重新建立一个区块，继续等待下一次交易的 PoW。

2. 区块链技术的特性

1) 去中心化与分布式数据存储

在传统的中心化交易系统中，任意一个中心化节点遭到攻击就有可能威胁到整个系统的安全运行。而区块链技术采用分布式记账、分布式数据存储和点对点传输技术建立了去中心化的交易系统，所有节点的权利和义务都是对等的，每个节点都要进行独立记账保证数据的多头存储，因此交易的数据信息由各节点共同维护，这样就降低了系统被黑客攻击和操纵的风险，使得交易数据的安全性得到极大提升。

2）去信任化

区块链技术以加密算法为基础，创造了不需要第三方机构的去信任化交易机制。这种去信任化交易得以实现的前提在于，区块链技术能通过共识机制保证点对点之间的交易真实、有效、合法，且具有公开透明的特性，任何节点出现违约、欺诈行为均会被曝光并且被永久性记录，付出无法估量的代价。换句话说，区块链技术在交易中的应用可将违约成本无限放大，因此能够从根本上防止欺诈、违约行为的发生，实现去信任化的交易。这种依靠技术建立信任而非依靠第三方机构实现的全新信用创造机制，在不考虑技术本身所需要的基础设施成本的前提下，无疑将大大提升交易的效率，避免很多的中间环节。

3）数据不可篡改，透明度高

在区块链中，每一笔新交易的产生必须由上一笔交易所对应的私钥进行签名，交易与交易之间依托未花费的交易输出（UTXO）、签名算法等来生成相互关联的链状结构，形成区块链。每两个相邻区块上的交易信息相互印证，环环相扣，且由全部节点独立存储，要想修改信息必须同时控制50%以上的节点才有可能实现，由此保证了交易记录的不可篡改。除此之外，链条上的所有交易在生成区块时均需要加盖时间戳来保证交易信息不可逆转，记录内容一旦写入区块便永久保存，且透明度高，链上的任一节点均可利用时间戳对交易记录进行查询和追溯。

4）自动化

基于区块链技术的智能合约和分布式数据存储的应用可以实现交易的自动化执行和数据的自动化更新。区块链技术脚本的可编程功能意味着可以通过智能合约代替传统的纸质合约来实现价值的交换。当智能合约中的预设交易条件满足时，系统会自动触发交易，不需要任何中心化机构的审核和第三方机构的担保，从而节约大量的人力和物力。除此之外，分布式数据存储技术的应用可以省去中心化机构记账的成本，实现数据的自动化存储和实时更新。

11.1.3 区块链技术在商业银行业务创新中的应用

1. 利用区块链技术构建新的支付结算体系

在现有的支付结算体系中，商业银行间的资金清算主要依靠中心化的跨行清算处理系统来完成，结算过程较为复杂，需要经过支付发起、中心信息处理、信息回馈、银行记账、往来对账等多个程序，结算效率低且资金占用多。区块链技术的出现可在各银行乃至各金融机构之间建立起数字化的支付清算网络体系，资金划拨不需要再通过中心化的清算系统而是直接进行点对点支付。这种扁平化的清算体系，能够增加交易行为的透明度，提升交易的自动化水平，从而节约支付结算过程中的人工成本和运营成本，提高结算的效率。如在跨境清算业务当中，可以先建立能够与任意法币进行自由兑换的数字货币，再以该数字货币作为支付媒介完成买卖双方的资金清算。具体过程即先由汇款人将其所持有的 A 货币（汇款所在地法币）转换成数字货币，再将该数字货币嵌入到区块链中实现点对点的支付，支付完成后收款人再将收到的数字货币转换成 B 货币（收款所在地法币），由此实现全球范围内的跨境资金清算。目前，Ripple 网络支付协议的出现便是区块链技术在跨境支付领域最典型的应用，其主要目的便是建立一个全球性、全币种、去中心化、低成本且实时到账的资金清算体系。

2. 利用区块链技术优化供应链金融服务

供应链金融是指银行向核心企业提供融资、结算、理财等金融服务，同时向这些企业的供应商或者分销商提供贷款帮收、预付款代付及存货融资等服务。简单来讲，就是通过商业银行将核心企业与上下游企业联系在一起，形成纵横交错的产业生态网络，并向其提供灵活的金融产品和服务的一种融资模式。在传统的供应链金融模式下，由于信息不对称问题的存在，银行往往只对核心企业的上游一级供应商或者下游一级经销商提供有限的融资服务，而处于供应链边缘的小微企业则很难享受到供应链金融的便利。在区块链技术应用的背景下，银行可以通过建立联盟链将一个企业的上下游所有企业都整合到一个区块链中，形成一个公开透明的产业网链结构。银行自身也作为节点参与到该网链中，通过区块链技术的共享账本和共识机制可实现对全产业数据的实时掌控，从而能够对二级供应商甚至边缘化的小微企业的经营状况、盈利情况、偿债能力等方面做出精准的评估和判断，由此便可向其提供更多的金融产品和服务，优化供应链金融的发展模式。

3. 借助区块链技术构建银行间核心业务往来平台

不同银行之间存在着多层次的业务往来体系，主要包括跨系统转汇、同业拆借、银团贷款等核心业务。可以考虑应用区块链技术在银行之间建立私有链，打造一个纳入同业转账、同业拆借、银团贷款等多业务场景的银行间同业业务往来平台。以银团贷款为例，银团贷款亦称为“辛迪加贷款”，主要是由获准经营贷款业务的一家或几家银行牵头，之后再由若干家银行组成银行集团，采用同一贷款协议联合向同一借款人提供融资的贷款形式。近年来，我国银团贷款市场资金需求量较大，2018 年共发放银团贷款 8832 亿元人民币，其中主要服务对象为有巨额资金需求的大中型企业、企业集团和国家重点建设项目。由于贷款金额巨大、期限较长、形式较多，现有的银团贷款发放流程往往要经过发起申请、资质审查、牵头行委任、谈判组建银团、身份核验、确定贷款方案和担保人等细项，流程较为烦琐，需要耗费大量的时间和人力。倘若在参与行之间建立私有链，则可让贷款的所有参与者处在同一个开放式的共享平台上，对借款人的资质审查与身份核验可以在平台中进行全网广播，省去了不必要的谈判交接环节。还可以利用区块链技术的共识机制、不可篡改以及透明可追溯等特性，对贷款过程中的资金动态和借款人的经营财务状况进行实时监控，并可将担保条款做成智能合约嵌入到区块链中，当借款人出现合约中设定的无法履约的事项时，智能合约就会自动执行担保条款，从而降低贷款过程中出现的违约风险。

4. 应用区块链技术优化票据业务

商业银行票据业务中有70%以上的业务均采用纸质票据。纸质票据在使用过程中很容易出现操作失误、票张损坏、存在性证明及转让记录不详、被篡改甚至票据造假的问题，导致各种操作风险、道德风险不断发生。区块链技术的出现可以改良传统的票据业务，减少因手动操作和人工识别带来的风险，其优势主要体现在两方面：首先，区块链技术的不可逆向修改、容错性特征能保证票据交易行为一经写入链条便永久性记录且不可被篡改，即使个别节点同时遭到攻击也不会影响票据交易记录的永久性，只有同时控制全系统51%以上的节点才有可能对链条数据产生实质性的影响，但这在现有的技术水平下几乎是不可能实现的，从而降低了商业银行在办理票据业务过程中容易出现的填写失误、票张损坏及被人为篡改的风险。其次，区块链技术加盖时间戳的链式结构可以保证票据权利的发生及转让过程在系统中按照时间顺序排序，且公开透明，为交易方提供了检索和追溯每笔交易记录的功能；同时非对称加密技术的应用又保证了只有私钥持有人才能参与到相应的票据交易中，确保了每笔交易的真实有效，防止假票的出现。

11.1.4　区块链技术在商业银行应用中存在的问题

区块链技术的出现给商业银行传统业务的转型升级创造了新的机遇，但作为一项新兴技术，其在金融领域应用的适用性还处在探索阶段，在商业化落地过程中还存在着许多技术性、成本性和公众接受性的问题，具体来说表现在以下几个方面。

1. 区块链技术创造的自信任体系引发的安全性问题

区块链技术所建立的信任机制是一种不通过第三方机构，依靠密码学技术和非对称加密算法等信息科技手段实现的自信任体系。现有的信息科技手段一直处在不断地更新和发展之中，这就决定了其所创造的信任体系并不是稳定的，这一技术缺憾的存在将会增加区块链体系的安全性问题，容易引发公众的信任危机。即使是采用了非对称加密算法加密的交易信息数据，也很难一直保证不存在被破解的风险，尤其是在技术手段不断更新换代的今天，一旦加密算法被破解，交易信息泄露，就会导致区块链技术塑造的自信任体系彻底崩溃瓦解，这将给应用区块链技术的商业银行带来不可估量的损失。

2. 数据冗余存储引发的成本问题

对于区块链而言，每个区块都包含着过去全部的历史交易记录并在新交易发生时继续做出更新和存储，随着交易量的增加，链状结构不断增长，过多的数据存储必然会降低系统的运行效率，影响客户体验和数据查询及更新的速度。除此之外，日益庞杂的数据存储系统对银行的硬件设备提出了更高的要求，需要不断消耗能源维持设备运转并适时维护，从而产生大量的人力、电力和算力成本，导致资源浪费，最终得不偿失。

3. 监管缺失问题

区块链技术还处在发展的初级探索阶段，其在落地实施过程中的一些标准化领域仍处于空白阶段，关于区块链技术在银行领域应用的相关法律文件仍未建立，政策监管模式也尚未明确。虽然区块链“去中心化”的技术设计避免了传统中心化经济系统结构中的诸多不利，也在一定程度上解决了交易各方的信任问题，但去中心化也意味着主体不明确，监管者难以对主体进行有效的控制，给监管工作造成了空前的难度。截至目前，基于智能合约的网络攻击事件依然时有发生，交易中存在的纠纷问题也比较突出，在全球范围内已经发生了多起比特币交易终端被攻击、数字货币遗失和被盗的事件。因此需要尽快建立区块链技术下的投资者保护机制，建立起与其配套的法律体系和监管制度，树立新的行业标准，对交易的相关事项做出明确规定，对可能存在的违约和纠纷问题做出预研和预判。

11.1.5 商业银行应用区块链技术的应对策略

1. 增加关键性技术的研发投入，积极开展应用试验

区块链技术作为科技金融领域的一项前沿技术，其在金融行业的应用大部分还处在构想之中，在技术层面还存在诸多的问题，如新区块生成的效率问题、系统运行的能耗问题、非对称加密算法的安全问题，及与现有系统的整合问题等。因此，商业银行应对区块链技术的应用和发展应以关键技术作为突破点，尽快增加技术方面的人才储备，组建高素质研发团队，增加对成本管控、网络安全技术、非对称加密技术等核心技术的研发投入，在现阶段商业银行可以开展一些小型的应用试验，可以考虑从银行间结算、资产托管、票据交易等小型业务板块入手，对实际运行中的相关问题进行预研、预判，以便未来技术成熟之时能够迅速切入。

2. 提升数据存储与管控能力

区块链技术旨在建立一个开放、共享且实时更新的数据信息系统，做好数据信息的存储与管控是确保区块链技术能够稳定运行的关键。对于区块链技术而言，其去中心化的程度越高，就意味着该体系容纳的节点越多，交易信息量就越庞大，数据的冗余存储问题就会越严重。过多的数据存储必然会降低系统运行效率，同时会消耗大量的电力算力，造成资源浪费。为此，商业银行应增加对数据存储、数据挖掘、数据清洗、数据整理和数据分析等方面的基础设施投入及研发投入，进一步提升对数据信息的管控和

驾驭能力，及时清除冗余信息，提高系统的运行处理速度，使客户体验达到最佳。

3. 统一市场标准，完善监管机制

商业银行对区块链的应用大多处于内部实验探索阶段，缺乏统一的市场标准。从国际上来看，R3CEV 联盟作为国际银行业应用区块链技术的一个标杆，已经吸引了包括富国银行、纽约梅隆银行、花旗银行、德意志银行、汇丰银行、澳大利亚国民银行及加拿大皇家银行等四十多家巨头银行的参与，其很可能会成为未来区块链技术在银行业应用标准的制定者。在国内，万向实验室也已开始着手打造符合中国政策法规和国情的国内应用标准，使各银行在进行业务探索时能够有章可循。为此，商业银行也应积极参与到此类标准的制定中，在新的业态下主动争取话语权，制定有利于自身发展的区块链应用标准。除此之外，国家层面应尽快出台相关法律文件，明确监管态度，完善监管机制。在现阶段区块链技术尚未成熟之前，监管方向应着力于保证新技术的健康发展及对可能存在的风险点加以防范，不应打压、限制其在金融领域的应用。同时，针对区块链的监管必须根据技术的发展而不断调整，以适应不同阶段的要求，即实行技术驱动型监管，根据技术的进展而不断调整监管规则，从而进行主动的、动态的、分布式的、及时有效的监管。

11.2 基于区块链技术的金融支农模式探索

11.2.1 引言

2015 年，中本聪发布白皮书，详细描述和介绍了如何使用“区块链”技术创建一套不需要建立在双方互信基础上的、去中心化的电子交易体系。根据中本聪的论述，区块链的本质可以概括为“一种去中心化、去信任的公共账本”,该公共账本具有去中心化、自信任性、可追溯性、隐匿性和可编程等特征。“区块链+”作为金融科技的底层技术架构,可以通过多种形式改变以致重塑金融业运行模式,推动价值互联网、产业互联网的形成,主要包括“区块链+数字货币”“区块链+支付、结算”“区块链+电子票据”“区块链+证券交易与结算”“区块链+资产电子确权”“区块链+保险”“区块链+电子征信”等,如图 11-2 所示。

业务模式	模式特征	典型案例
区块链 + 数字货币	数字货币技术含量高、不易仿造 ；交易速度快、发行和流通成本低 ；具备更强的分割能力，更方便用于微型支付；可追踪资金流向；可提高市场参与者的资金流动性	使用区块链技术的典型数字货币包括比特币、以太坊、莱特币和瑞波币。如德国 DAO 旗下的 “以太坊” “区块链首次公开募股”
区块链 + 支付、结算	以区块链为底层技术的支付系统基于互联网开源支付协议，可以实现去中心化的支付与清算，所有货币可以自由兑换。实质是开源数据库，且系统不能被个人所控制，整个流程的透明度和安全性显著提升	美国 Ripple：分布式支付网络；Circle：基于区块链的国际结算；中国招商银行：基于区块链的跨境直联清算业务；中国微众银行：与华瑞银行合作开发微粒贷联合贷款的结算、清算
区块链 + 电子票据	运用区块链技术,票据的价值传递可以实现去中介化,交易透明化，安全性能和用户体验都将显著提升	Wave：与巴克莱银行合作，推动贸易金融与供应链业务的数字化应用；海航集团：上线了国内首个票据行业区块链应用 “海票惠”
区块链 + 证券交易与结算	可提供不可篡改、永久保存的记录；提升证券产品的登记、发行、交易与结算效率，降低对方违约和第三方操纵风险，并有效保证信息安全与个人隐私	纳斯达克：推出基于区块链的企业级应用 Linq,服务私营企业证券的发行、交易、登记；Overstock：利用区块链技术发行数字有价证券
区块链 + 资产电子确权	和互联网众筹相比，区块链为创业者和投资者提供的是信任凭证和交易效率	Factom：基于区块链的土地产权登记系统、全球区块链护照系统；小蚁区块链：基于区块链的权益数字资产
区块链 + 保险	区块链在保险标的、承担风险、保险执行方面优势突出，可降低欺诈概率，增加保险信任度，并加速智能合约进程	美国 Windhover：致力于保险领域的区块链应用，数字身份、信任机制和数据管理规则方案； 英国 SafeShare：基于区块链的实时保险解决方案；中国众安保险：开发了基于区块链的分布式文件存储和数据存储技术
区块链 + 电子征信	可提升社会征信系统的公信力；降低征信成本；通过区块链技术可以实现征信信息交换，解决数据孤岛难题	甜橙信用：与布比联合成立国内首家区块链征信平台；爱尔兰银行：基于区块链的客户海外投资资产管理；万达网络（中国）：基于 Hyper Ledger 的区块链征信应用

图 11-2　区块链+金融领域业务模式及典型案例

资料来源：根据文献资料汇总整理。

11.2.2　传统农村金融模式下的信贷

模型设定：假设金融机构有两个策略,贷款或者不贷款；农户拿到贷款后有两个选择,违约或不违约(见表 11-1)。贷款量设置为 I,项目成功启动后的总收益为 R(假设 $R>I$)。金融机构的收益率为 $1+r$(本金加上资金收益)。在传统模式下,相比收益而言,农户的相对违约成本(主要指进行信息伪造的成本和违约之后的处罚成本)很低,这里假设为 0。

在上述博弈模型中存在两个纳什均衡：(不贷款,违约)和(贷款,不违约)。根据纳什均衡的概念,金融机构会根据对企业农户选择的预测做出最佳的反应，即根据效益最大化的原则做出不贷款的选择（不贷款，违约）而非（贷款，违约）。同理，在预测到企业农户并不会违约的情况下，金融机构也不会做出是自己无法获得收益的不贷款决策（不贷款，不违约）。所以只存在（不贷款，违约）和（贷款，不违约）两个纳什均衡。如何使得只存在（贷款，不违约）这样一个对企业农户和金融机构最优的纳什均衡呢？这需要区块链技术的加入，如表 11-1 所示。

表 11-1　传统农村金融模式下的博弈模型

金融机构	农户	
	违约	不违约
贷款	$-I,0$	$Ir,R-I$
不贷款	0,0	0,0

11.2.3 区块链模式下的信贷

区块链技术能够将所有数据积累到一个区块链平台上，形成一个去中心化、庞大的信息集合数据库。在这里，所有的信息都将被整合、验证，并形成独立的、共享的信息网络。这些信息经过具有非对称性的密码保护，使得伪造信息的成本相对于所贷款总额极大甚至是不可能。区块链金融模式下的博弈模型（见图 11-3），假设相对违约成本为 B（事前伪造信息的成本），$B>0$。贷款人相对违约成本（事前伪造成本和事后违约成本加总）是很大的，假设为 C，$C>0$。

从博弈模型可以看出，因为农户不会在违约成本远大于收益时做出违约决策（贷款，违约），也不会做出伪造信息的决策（不贷款，违约），（不贷款，不违约）的情况在前面已有所解释。因此，模型中只存在唯一的纳什均衡（贷款，不违约）。这样的均衡是占优策略均衡，金融机构可以放心贷款，而贷款农户由于违约成本高昂也不会试图为了获得更多贷款而伪造信息或拖延还款，从而有效避免了道德风险，如表 11-2 所示。

表 11-2　区块链金融模式下的博弈模型

金融机构	农户	
	违约	不违约
贷款	$-I,C$	$Ir,R-I$
不贷款	$0,-B$	$0,0$

从博弈模型可知，引入区块链可以增加信息的透明度，增加伪造信息和违约成本，避免贷款农户的恶意违约，并提高金融机构的贷款积极性。可见，区块链技术的去中心化存储、信息高度透明、难以篡改等特点加强精准支农力度同时也降低了贷款他用的概率，从根本上消除支农贷款的金融机构或个人的贷款顾虑，使贷款农户和贷款金融机构达到双赢。

11.2.4 "区块链+"金融支农模式创新

1. "区块链+政银担"支农创新模式

"政银担"是指政府出资设立担保公司，对符合条件的农业信贷项目进行担保，银行再发放贷款，政府、银行、担保公司分工协作的金融支农模式。传统的政银担模式需要依靠担保公司建立信任机制并同时进行身份验证。其风险实际上是从金融机构部分转嫁给担保公司，虽说能够调动金融机构的积极性，只是部分分散了农业信贷风险，实际上并未降低农业信贷风险。

"区块链+政银担"支农模式中，通过区块链技术，银行可以通过点对点的共享账本存储信息方式直接获取对方信用等级。区块链技术先进的加密技术能够确保信息在记录与读取时的准确性与唯一性，保证整个区块链账本中的节点都不会被篡改。一方面可以降低担保公司的农业信贷风险，另一方面基于区块链技术的智能合同，能够有效提高银行与担保公司的对接效率。

2. “区块链＋政银保”支农创新模式

“政银保”是指保险公司为贷款主体提供保证保险，银行提供贷款，政府提供保费补贴、贴息补贴和风险补偿支持，以农业龙头企业为典型代表的新型农业经营主体，将分散的农户聚集在一起作为贷款主体，通过财政、信贷、保险三轮驱动，共同扶持新型农业经营主体发展，并带动农户脱贫致富。传统的“政银保”模式中，由于信息的不对称，保险公司存在着对投保人的信息甄别风险，由于投保人提供虚假信息，或者与保险公司的免责条款产生歧义等原因出现的保单纠纷时有发生。

“区块链＋政银保”支农模式中，借鉴美国 Windhover、英国 SafeShare、中国众安保险的成功经验，用区块链管理数据库，构建投保人数字身份、信任机制和数据管理规则方案，可提供基于区块链的实时保险解决方案，加速智能合同进程，增加保单、理赔等信息的存储安全性并降低成本。基于区块链的农业保险在农业知识产权保护和农业产权交易方面将有很大提升，并能够简化农业保险流程。基于智能合约的农业保险会加速农业保险赔付的智能化。将银行的征信数据引入区块链系统，对每个投保人的身份进行数字化标识，能够保证存储信息无法篡改，大大提升保险公司风险管理效率。在区块链系统中，企业可以共享客户的投保信息、理赔记录等信息，能及时发现高危客户；运用大数据技术，连通不同行业的数据，能够构建更全面的客户画像，有利于保险公司的风险预测。

3. “区块链＋两权抵押贷款”支农创新模式

“两权抵押贷款”是指农村承包土地的经营权抵押贷款和农民住房财产权抵押贷款。该模式赋予了“两权”抵押融资功能，能够盘活农村存量资产，促进农村经济发展。

"区块链＋两权抵押贷款"支农模式中，区块链可提供一种独特的基础技术来构建数字抵押贷款，可借鉴 Factom、小蚁区块链的成功经验，依托区块链技术，在两权抵押贷款中将实体资产登记为权益数字资产，为登记发行、转让交割以及交易结算等金融业务提供去中心化网络协议，通过该系统可建立新的两权抵押贷款契约登记和交易制度，运用区块链技术跟踪所有两权抵押贷款交易，可有效解决"两权抵押贷款"中的现实问题。区块链技术的加入是农村产权交易市场发展的方向。应用区块链技术完善和发展农村产权交易市场和中介组织，推进农村资产数字化、建立数字资产交易平台，同时，完成一套包括采集、筛选、转化、成交的大数据生态链，完善信息机制，降低风险和不确定性，积极发展基于区块链的数字农村股权交易市场和中介组织，建立区、县等级的农村产权交易市场。

4. "区块链＋互联网＋物联网"支农创新模式

"互联网＋物联网"支农是指金融机构以互联网为载体，利用大数据、云计算、物联网等新技术，打破传统金融模式的时间、空间与成本约束，提升农户信贷可得性。互联网金融的优势明显，可以大大节省金融机构成本，提高信贷效率，但是与此伴随的金融风险也值得关注。在现有物联网金融架构下，不同物联网的网络交易是被阻隔的，也就是说金融交易只能在同一网络或信任网络进行而不能互联互通。

"区块链＋互联网＋物联网"支农模式可以打破时间、空间限制，绕过信任中介进行直接交易，有效促进物联网金融在移动支付、远程结算、供应链融资、大宗商品电子交易、现代物流等应用场景的拓展。区块链技术的分布式账本可以实现交易信息的安全存储，运用数字货币验证参与节点，可以减少系统对中心服务器的依赖，从而降低物联网金融的交易成本。未来，通过物联网技术，几乎任何物件都可以通过互联网加以识别和控制，进而通过区块链转变为智能财产。

11.3 基于区块链的供应链金融创新

供应链金融是金融机构围绕大型制造等核心企业，通过管控或掌握其上下游中小企业的信息流和物流，提供配套的资金流或融资等金融服务，通过供应链的方式把单个企业的不可控风险转变为供应链企业整体的可控风险。

随着信息技术的广泛应用，供应链已发展到与互联网、物联网深度融合的智慧供应链新阶段。未来应是以金融科技促进供应链金融的创新，让供应链金融更好地服务于实体经济这个金融供给侧改革的主线。

11.3.1 传统供应链金融模式和存在的问题

1. 传统供应链金融模式

在互联网技术未升级和区块链技术未出现以前，传统供应链金融模式大部分为线下操作。以供应商对核心企业应收账款融资模式为例，主要有以下几种模式。

第一种模式是核心企业开立商业承兑汇票。该模式下，一般由核心企业开立并承兑商业汇票。该模式的优势在于，核心企业利用自身的商业信用，延缓付款时限。若能得到金融机构配合，这在一定程度上可为供应商实现融资功能。但该种模式的融资功能较有限，且传统纸票模式下，时有假票出现。

第二种模式是金融机构商业保理。供应商对核心企业供完货后，由核心企业对供应商应收账款予以确认。供应商将应收账款转让给金融机构，金融机构根据应收账款面值支付一般为50%～90%不等的对价。供应商将应收账款转让给金融机构后，向核心企业发出转让通知，并要求其付款至融资金融机构。该模式的优势在于，金融机构对商业保理普遍较为认可，市场接受程度较高。不足之处则在于，供应商账单分散时，需要核心企业反复配合应收账款的确认，操作成本较高。同时，如供应商以有瑕疵应收账款进行欺诈或更改收款账户，此类道德风险和操作风险可能会影响供应链金融的效率。

第三种模式是核心企业反向保理。传统保理业务从供应商应收账款需求入手，反向保理则从核心企业应付账款入手，由核心企业统一安排供应商的融资。该模式的优点在于，核心企业对应收账款的确认配合程度高，付款锁定对融资金融机构保障性强。但前提是，核心企业愿意配合，也只有认可的供应商才能得到融资。反向保理是目前市场上较为主流的供应商对核心企业应收账款融资模式。

2. 主要问题及成因

上述三种模式在一定程度上能满足供应商融资的需求，但还是存在一些不足。首先，核心企业信用无法为整个供应链增信。在第一种模式中，商业承兑汇票不能拆分支付，使得商票很难流转，如需要贴现商业承兑汇票，则需要开票人在金融机构取得授信，才能在金融机构进行贴现。第二种和第三种模式只解决了一级供应商融资，仍难以解决二级、三级以及 N 级供应商的融资。其次，大部分信息传递和融资流程为线下操作，效率较低。目前大部分融资操作都在线下进行，包括信息传递、应收账款债权确认等环节，其操作成本较高，实效性较弱。

出现上述问题的主要原因有以下两个方面。

首先，缺乏统一可靠的信息系统，无法快速有效地传递数据。在供应链体系的信息传递过程中，各个参与企业并没有使用统一的信息系统，核心企业出于信息安全等考虑，并没有将 ERP 核心系统进行外部网络化应用。除了核心企业和一级供应商外，大部分供应链上的企业信息化程度比较低，供应链信息形成了数据孤岛，无法真实有效传递数据。在供应链上提供金融和融资支持的金融机构，更是无法清晰准确地获取供应链体系相关数据，也难以核实供应链各种交易环节信息的真伪，因此也无法给予快速、有效的金融和融资支持。

其次，核心企业信用无法有效传递，很难为其供应链增信。在供应链体系中，最重要的就是借助核心企业的信用，为其供应链体系的上下游企业进行信用增级。由于缺乏有效的信息数据传递模式，供应链中最重要的信用信息就无法有效传导和传递，核心企业就无法为整个供应商体系进行信用增级，供应商也无法借助核心企业的高评级和高信用来获得快速、低成本的融资。尤其是在多级供应商模式中，一级供应商之后的间接供应商无法依托核心企业的信用来融资，导致融资难、融资贵。

11.3.2 基于区块链的供应链金融新模式

随着金融科技的发展和日益广泛应用，可以利用不断升级的互联网信息技术和区块链来推进供应链金融创新。区块链技术具有分布式数据存储、点对点传输、共识机制、加密算法等特点，为核心企业应付账款的快速确权提供了便利，同时减少了中间环节，交易数据可以作为存证，中间环节无法篡改和造假，并且可以追踪溯源。互联网信息技术升级使得大部分信息数据传递都可电子化和无纸化，生物识别技术可以提高企业主和融资代表人身份确权的效率和精准度，大数据建模可对借款人资质事先筛查和精准画像。所有这些都为以区块链为核心的供应链金融创新提供了技术上的准备和支持。因此，区块链分布式账本技术、加密账本技术、智能合约技术等，为解决供应链金融中的问题提供了新的解决方案。

首先，区块链分布式账本技术可提高供应链中数据的真实性。参与到供应链中的核心企业、供应商、金融机构等，可以利用区块链分布式账本技术，及时共享供应链中的交易数据、应收数据、应付数据、电子账单流转数据，同时通过加密账本技术设置相应权限，只能是有权限的企业看到相关数据，有效地保护隐私。如，供应商需要利用应收账款电子账单融资，则可以将交易数据、电子账单等信息向金融机构开放，授权金融机构查询其交易及相关应收账款数据。这些数据都是基于核心企业的真实应付账款数据，借助核心企业的商业信用，应付账款有较强的保障，而区块链分布式账本技术既可保障数据的真实性，又可做到真实交易数据的快速有效传递。金融机构可以轻松地受让供应商的应收账款，支付相应的对价，供应商也可以轻松地实现快速融资。

其次，区块链智能合约技术锁定核心企业应付账款，将有效传导信用。区块链智能合约技术是一个能够自动执行事先约定合约条款的系统程序，即预先设置好程序，在运行过程中根据内外部信息进行识别和判断，当条件达到预先设置的条件时，系统自动执行相应的合约条款，完成交易。具体到供应链金融，通过区块链智能合约技术，供应链核心企业与其一级供应商的交易合约可以被电子化清晰地记录在案，其中关键交易信息可以被预先设置在系统程序中。一级供应商在与二级供应商交易过程中，也可引入区块链智能合约。由于一级供应商付款能力和信用可能不如核心企业，大多数二级供应商认可和采信的是核心企业与一级供应商的智能合约。因此，核心企业与一级供应商的智能合约关键信息，可以被一级供应商和二级供应商的智能合约所采信，也可以被二级或 N 级供应商所采信，被采信的智能合约可以在核心企业最终交易付款时，将资金划转至最终合约账单持有人，也可以逐级流转至账单持有人，完成并兑现整个链条的全部交易，从而实现核心企业的商业信用向一级乃至多级供应商的信用传导，支持核心企业整个链条上供应商的发展。

最后，区块链核心技术帮助核心企业信用自由流转。在传统供应链金融模式下，若没有借助金融机构的信用，应付账单便无法拆分流转，只能原额背书或贴现。区块链技术的运用，使得供应链上多级供应商都能共享核心企业的商业信用，因此，基于核心企业付款承诺签发的电子应付账单，便可实现自由地流转。一级供应商收到电子应付账单后，可持有到期收款，也可将电子应收款拿到金融机构进行融资，还可以流转给二级供应商。如果单笔电子应付账单金额较大，还可自主拆分成多张电子应付账单，流转给多个二级供应商。

总之，基于信用的传递，利用区块链技术，能够很好地解决传统供应链金融中信用无法建立和有效传递等一系列问题，可让优质核心企业闲置的金融机构信用得到充分利用，促进整个供应链信息共享，实现整个供应链资金流的可视化，依托核心企业的信用，降低中小企业的融资成本，提高资金流转的效率，间接降低整体的生产成本，惠及供应链上的众多中小企业，用实际行动推动金融服务于广大实体中小微企业。

11.3.3 基于区块链的供应链金融创新方向

金融科技一出现，各类金融机构便试图利用它来改造传统的业务模式，区块链在供应链金融中的应用受到了越来越多的关注，实践也在逐渐推广。但就供应链金融与区块链的融合而言，我国实践中存在三个方面的问题。

首先，各类机构盲目重复建设，造成了系统资源浪费。虽然大部分核心企业已经意识到，借助新信息技术可以更好地实现供应链管理，核心企业供应链管理的信息化、科技化步伐正在加快。但由于核心企业出于信息安全等方面的考虑，一般都会利用区块链、互联网技术自建供应链管理信息系统，一般自建的系统都是先满足自身供应链管理之需，后续再向其他企业和平台推广，这便造成了各类机构对系统的重复建设和资源浪费。除核心企业外，各类金融机构和商业机构也在纷纷开发基于金融科技的供应链金融系统，如商业银行、保理公司、供应链公司、资产交易所等，都有类似区块链供应链金融系统的开发和上线。但是，核心企业、金融机构、商业机构开发的区块链供应链金融系统几乎大同小异，链条上的供应商无所适从，不利于该项技术和模式的大范围推广。

其次，虽然基于区块链的供应链金融有利于信息共享和信用传递，但各类机构的平台自成体系，又形成新的信息孤岛。目前，各类机构开发的区块链供应链金融系统都自成体系，抢占市场，与其他类似系统无法兼容，导致各个机构的系统之间产生断裂和隔阂，特别是各个核心企业之间的信息更是无法及时有效地传递。各自为政的形式，势必形成以系统为分界线新的信息“孤岛”，从而不利于新技术的快速推广和应用。

第三，虽然区块链技术的应用可以实现信用、信息的有效传递，但配套的相关技术和应用有待进一步完善和开发。如受核心企业、配套商业环境信息化进程的影响，核心企业与供应商之间的基础合同、发票、交易单据等大部分是纸质操作，线下完成。因此，很多基础数据需要还原到传统模式，线下采集。该部分线下操作的内容不仅影响各参与方的操作体验，降低效率，也不利于基础合约要素信息的采集和传递，更会影响区块链等新技术在供应链领域的应用。

鉴于上述存在的问题分析和对信息技术发展的趋势判断，应当从以下几个方面推动供应链金融的创新，既让供应链金融更好地服务于实体经济和支持中小企业发展，也能更有效地防范和化解供应链金融自身的风险。

首先，打破信息孤岛，搭建统一可信任的供应链金融共享平台。各行业龙头核心企业、科技金融公司、商业银行、监管机构等均纷纷参与试水研发推广区块链供应链金融系统，市场上可谓是“百花争艳，群雄逐鹿”。但经过市场的洗礼和金融监管机构的管理后，市场上可能会出现监管机构或金融机构平台重新定义区块链供应链金融模式，并建立统一的规则和标准，该标准既考虑到了核心企业的信息安全问题，又可满足金融或商业机构融资信息的需要，从而建立统一的供应链金融共享平台。供应链金融共享平台可以被各行业核心企业、金融机构、供应商及相关参与方所认可，可以实现多条供应链的交织和信息共享、互信，并可打破信息孤岛，搭建供应链信息交互的新型网状结构，使得区块链供应链金融技术和应用迈上一个新的台阶。

其次，打造开放平台，让更多资金方参与，真正支持中小微企业融资。

据不完全统计，国内供应链应收账款市场超过20万亿元，其中工业类企业应收账款金额超过12万亿元，且呈逐年递增趋势，年均复合增长率超过10%。与此同时，全国应收账款得到融资的业务量仅为2万亿元左右，仅占应收账款的10%左右。据统计，我国应收账款融资业务在GDP中的占比仅为2.2%左右，与发达国家英国(12.3%)、法国(11.9%)相比还有非常大的差距。与此相对应，则是国内大量的民营中小微企业融资难、融资贵一直没能得到有效解决。

基于区块链的供应链金融创新模式，为中小微企业的融资难、融资贵问题提供了新的解题思路。参与供应链金融的核心企业、供应商、信息技术提供商、参与资金流转和融资的金融机构，甚至是交易所和机构(个人)投资者等，都可通过以区块链技术为依托而搭建的供应链公共平台采信，这就比较好地解决了传统供应链金融中存在的信息不对称、核心企业信用无法传导、信息无法高效传递等难题，使得供应链金融资产越来越标准化和清晰透明。

基于区块链技术的应用，供应链金融资产可以更好地实现资产证券化，也利于供应链条上的中小微企业从金融机构公开募集资金，真正使得供应链上的一级、二级、三级乃至N级中小微供应商可获得更充分、更低成本的融资，为解决中小微民营企业融资难提供了新的途径。

第三，区块链与其他金融科技的深度融合促进供应链金融发展。传统融资活动中的风险，很大程度上均源于信息不对称，借助区块链技术能减少信息不对称的风险，使得核心企业信用能够往上游多级供应商传导。但仅仅应用区块链技术无法完全改变传统供应链金融作业模式和优化整个供应链金融体系。

在信息技术快速进步和发展之中，供应链金融也将会不断进步和升级。比如，区块链技术的应用可解决供应链金融的信息和信用难题。人脸识别、声纹识别、虹膜识别等生物识别技术的应用，可使得供应链金融生态圈的参与者，能够足不出户、不用见面远程对交易对手、代办(授权人)的身份进行确认，避免身份伪造、诈骗等风险。同时，利用电子信息加密技术，可实现合同、数据等要件的电子化和无纸化；借助大数据、人工智能等分析技术，可对优质供应商、融资人信息进行甄别，并实现精准画像，更好地满足供应商全方位的需求。

本章小结

区块链的技术运用至金融领域，将会是继互联网金融之后又一个金融创新，这种加密的分布式记账方式很大程度上能够克服传统中心化记账高成本、高人为风险等弊端，对预防一些违法犯罪也甚有助益。但完全的去中心化不宜照搬到金融领域，安全与效益之间，在技术难以保证两者可兼得的情况下，应当优先选择前者，就此，金融监管始终不可缺位，弱中心化的联盟链是金融领域的最优选择。

信息科技的技术进步，将引领新的产业革命和工业革命，并推动各个领域的技术革新和作业模式创新。金融是传统又创新的领域，传统在于其对风险管理要求的严格使其不敢冒险，创新在于其需要借助新技术、新科技来实现作业模式和产品升级，实现更优的风险管理和更高的利润空间。因此，新信息技术在金融领域有着广泛应用的基础，金融领域需要信息科技来实现革新。区块链技术、物联网、互联网新技术在供应链金融等领域的应用，将会有效地助力金融服务于实体经济，金融支持中小微民营企业，金融脱虚向实进一步支持实体经济的发展。

思考与实践题

1. 描述食药监区块链平台建设方案。
2. 举例说明区块链技术典型应用。
3. 描述现行贸易融资业务模式存在的问题。

4. 基于区块链技术的贸易金融平台的优势是什么？
5. 分析现有贸易金融区块链平台模式。
6. 描述湾区贸易金融区块链平台的特点。
7. 描述传统供应链金融模式和存在的问题。
8. 描述基于区块链的供应链金融新模式。

第 12 章　中华文化下的创业研究

学习目标

通过本章的学习，读者将能够：

- 了解文化的渗透通道；
- 了解中华文化优秀的原因；
- 理解中华文化与创业机会、中华文化与创业资源；
- 熟悉中华文化在创业中的优势；
- 理解追求百年老店的创业需要中华文化的原因。

12.1　文化的渗透通道

文化可以通过以下六条通道向外部渗透，体现文化的存在。

第一条通道，文化品。不论是今天的影视通道，还是传统的文学通道，都通过传播完成着文化的渗透，甚至是攻击和侵染，不仅渗透传播方式，也传播内容，使生活方式扩散到外部。只要存在交流，这种文化渗透就不可避免，只要承认了市场和贸易，文化品的进入是必然的。比如演艺，在商业的推动下，会追求票房价值最大化，这不仅可以获得商业利益，更重要的是可以获得文化的传播。不论是文学作品，还是各种文化品，创业者都会将其商业价值加以挖掘，从中获得利益，客观上造成了文化的传播。

第二条通道，商品和对外投资。本国生产的商品首先是为了满足本国，从而体现了本国的需求特征，但是，当生产规模足够，消费成熟程度足够，必然会形成两种力量向外部传播文化，一是通过规模向外部传播生产能力，一方面，生产能力的富余会让企业利用自己的剩余生产能力寻找外部市场；另一方面，会通过规模经济，降低生产成本，从而形成分工优势。二是消费成熟以后，会成为一种刚性的生活方式，只要存在着其他方式的文化交流，就会将消费者的体验和感受变成文化品传播出去，成为其他国别效仿的对象。不仅存在着发达国家向不发达国家的商品传播，本国发达地区也会向不发达地区传播文化，而其内含多是发达国家先传播到发达地区再传播到不发达地区。虽然存在着商品本土化问题，但由于商品多有功能的先进性，人们宁可放弃本土文化，也会接受这种先进性功能的商品。接受外商投资，就意味着要接受外商带来的文化，不论是基础设施还是工厂，不论是建设过程还是建设以后发挥作用的影响都将成为文化的载体，人们天天接触，形成几乎是永久性的渗透。

第三条通道，文化交流。不论是留学生的长期驻扎，还是旅游观光的短期逗留，不论是参加或是观摩体育比赛，还是商务考察，都会或多或少地直接体验其他国家的生活方式，有的十分深入，甚至存在着根本性改变，有的虽然短暂，却有着广泛传播的意义。比如旅游，经常会把目的国家的历史、古迹、名人、事迹都做了解，经过刻意包装，让观光者身临其境，产生敬仰，成为传播文化者。

第四条通道，科学竞赛。在科学技术日益成为核心能力的今天，国家间的竞争与能力的较量已经从资源转向到了科学能力，科学竞争的结果是传播了对科学推动的文化。科学精神在世界范围内广泛传播，一方面是科学对技术的影响，大量的工程技术问题、产品设计与开发的问题，越来越需要借助于科学，从而在竞赛中，拥有科学能力的国家占据上风，并带动着追赶者学习这种精神，培养自己的能力；另一方面，国家竞争会动员国家资源，参与科学竞赛，使科学不再只是中性研究，而是可以使国家能力强大的核心要素。人类不仅向发达者学习，更是在向科学发达的文化学习。

第五条通道，语言。语言的重要功能是表现文化，那些具有经济和科学强势的国家语言会成为主流语言，必然也会通过文学作品、科学著作、媒体以及各种表现手段强化这种语言优势，形成文化自我加强。一是让人们越来越熟悉这种语言，从而越来越多地接触这种语言，二是使用语言的人越来越多，会使语言成为一种文化环境，相互学习，方便传播。每种语言都不会完全客观，都会含有文化与生活方式的内容，学习和使用语言，一定会让使用语言的国家文化得到传播。

第六条通道，宗教。传统上，当商业社会不那么发达的时候，宗教是主要的文化渗透工具。只要有宗教自由，就会有传教士活动，他们把传教作为自己的使命，这是宗教所以能够存在的重要机制。传教者多能够解决一些长期存在却没有解决的问题，借此使人们产生信任，推动人们皈依。宗教不代表国家的文化传播，却会将信奉者的文化传递到其他地区，从而携带了人们的生活方式与文化。

文化的渗透体现在悄悄地、无时无刻地、无孔不入地，但是，如果没有商业，文化渗透的通道大多会受阻，商业让文化渗透真假难辨，商业也让文化渗透难以拒绝。创业活动是商业活动，它必然也是文化的传播活动，有意识地运用这一原理推广文化，是经济发展的必然趋势。

12.2　渗透性是中华文化之灵魂

金木水火土，水在中间，水与土结合，可以成泥，为人居所用，与木结合，可以生长，亦为人所用；虽然水多为无形，但遇热而奔放，遇冷而坚硬，在中华民族发展的历程中，凡外强进入，或是被中华文化吸收掉了，或者被中华民族给驱散了。

但是，这些并不是水的最重要性格，渗透性才是水的根本性格。首先，水为中性，不碱不酸，不与任何物质产生化学反应，保持自己的性格，如果有所作用，最多是物理活动，或者生物活动，而不会是化学作用，世界不会因为水而产生新的物质，因为水是中性的。借助于水，可以改变石灰岩，形成我们今天看到的形状各异的钟乳石，当蒸发量不足时，由水把比较硬的石灰石熔化，而在蒸发量较大的时候，把水分蒸发掉，重新回复成形状不同的岩石。水在此过程中，只是瞬间发生了一些变化，但终究还是保持着自己的原貌。中性或者基本中性，这种性格十分难得，因为它不会偏向于任何立场，更不会消失和消灭自己，而是坚守自己，不为社会所诱惑，这是一件十分困难的事情。

其次，水在保持中性的同时，通常以流动的液态方式存在，即便水变成了气态，流动性更强，只不过是气态的水是向上，遇到冷却条件以后才会向下，固态的冰也会流动，形成冰川。能够流动是水的本性，这一性质让水变成了无孔不入的元素。水向任何地方渗透，却不与任何东西结合改变自己，给所有东西带动了水或水分，却不给那些对象带来负担、反感、压力和侵害，中性与流动性变成了伟大的性格，它只给世界带来好坏，却几乎没有坏处，所以没有一个地方不欢迎水，没有一个地方不需要水来帮助自己，水永远是朋友，几乎不会成为敌人。没有水，此地便没有生命，没有任何意义，水的流动让有水的地方可惠及周围，好处共享、利益均沾。

渗透是种细微的流动，水向下流动，向下渗透，汽上向流动，向上渗透。只要有水的地方，渗透就会发生，水就会成为一个不可或缺的角色，甚至是主角。渗透是你中有我，我中有你，渗透是随时随地，天天如此，时时如此，不分时间长期发生；足够的渗透让所有的东西发生质变，渗透也让行为变成了新的内涵。

为什么中华文化会影响外敌？让他们也享受中华文化并成为中华民族的一员？一个重要原因是中华文化的渗透性。相比之下西方或其他民族的文化，没有如此强的渗透性。非此即彼的文化，极其不容易为人们所接受，很容易形成文化对立。欧洲几次的民族更替，只是民族的毁灭与民族迁徙，而不是被统治民族的文化战胜统治者或者文化融合的过程，人类用一种文化代替另一种文化，并且以文化的优劣来论证代替的合理性，这本身就有着极大的反人类的作用，所以，这样的文化并不是好的文化。中华文化的渗透性兼容并包,允许其他文化生存,但却在渗透过程中改变,形成全新的统一的文化。所以在中华文化下,世界是和谐的,因为没有文化的对立和打压。

从创业角度,创业是一个不断寻找正确的过程。什么是正确?只有满足顾客需求才是正确,以中华文化为指导的创业过程,可以学习中华文化的渗透性,表现中华文化的渗透性,着眼于创业的过程,而不着眼于创业的活动,把顾客和员工改造成企业的忠诚者作为目标,让创业成为社会活动的重要组成部分。

不要忽视文化的渗透性,特别是中华文化的高渗透性,这既是传播中华文化,让世界充满和谐的根本,也是以创业过程代替创业利益的追求的前提。更不要抗拒中华文化的渗透性,因为中华文化是和谐为主,进步为辅的文化,从长远看,和谐更是人类的追求。把中华文化与创业行为结合,处处表现和流露出中华文化影响的痕迹,不是文化侵略,而是世界新秩序的开始。

12.3　中华文化优秀在哪里

中国人因为落后而反思,曾几乎全面否定了中华文化,把中华文化说成是落后亡国的原因。从进步的意义讲,中华文化缺少推动社会进步的动力,然而,社会进步也并非是一定对人类有好处的事情,且不说科技推进的战争给人类带来的伤害,就是在现在和平年代每天更新的技术,不断推陈出新的产品,形成巨大的社会浪费和学习成本大幅上升,而我们多不会计算这些浪费,甚至还把处理这些浪费也作为 GDP,当作财富的来源,其实,这已经脱离了人类的基本道德。

为了说明这个问题,先介绍一下 GDP 是什么。GDP 是以市场四个主体,在国内三个主体自愿购买行为下的总价值,三个主体中,消费者是最根本的,因为企业购买最后也要为消费者服务,政府购买也要为消费者服务。人们购买为何会成为财富的计算依据呢?因为这里假设人们都是理性的,是不会浪费的。现在进步的速度很快,人们看到新产品功能加上社会价值超过了所支付的价格+报废旧产品的价值,人们就要购买,也就是人们愿意为新的价值增加付出产品价格的代价,宁愿沉没旧的产品价值,这个值通常远远没有为零,形成了社会的浪费。人们更新产品的动力并不主要来自产品价格,而来自于新产品的功能和被商家忽悠而产生的社会价值。这些往往与人们的浮躁心态有关,这些消费行为已经被一些商家所绑架,不再是纯粹的理性人,而是虚幻的理性人,就是表面上是理性人,实际上是被诱惑的理性人。手机在 GDP 中所占比重很大,但在手机更新换代中,每位消费者、每个家庭都存在着过时的手机无处存放,扔了可惜的心理障碍。

不断地追求进步并非是中华文化的主流,中华文化讲“和而不同、社会大同”,中华文化中允许进步,但不必推动进步,进步是自然而然的进步。唯进步而进步,是西方文化的一个重要结果,曾经也令中国人羡慕不已。因为那时,进步在淘汰落后,落后者为了生存不得不奋起进步,再按部就班地自然进步则无法生存。用西方的方法推动进步,越来越明显地看到会造成资源的浪费,会带来社会学习成本过高,会让人们的精神快速老化,给企业和员工带来的压力过大,未来还有可能造成无新可创的麻烦。如果比进步,中华文化在一段时期里可能会输给西方文化,但是当无新可创的时候,中华以秩序为主要追求目标的文化就会显露出优势。从这个意义上说,中华文化优秀在不急不躁的进取精神,这并非是只追求速度的情况,而是回归到传统中华文化“以慢求快,以稳求进”的思维上来。今天的中国已经足够强大,更加具备慢下来的前提。中国需要的是以秩序为先的进步,要以中华文化影响全球走向“秩序为先”,把优秀的中华文化传播到世界,让人类都能够感受到优秀文化的和谐幸福,而不只是进步带来的满足。

以孝为先,家国天下,这不只是习俗和可以用来开展商业的文化背景,而是它更具有中华文化精神之本色,是产生秩序的重要来源,可以使创业的动力不那么利益和物质化,这更加符合社会对创业者的需要。一方面,创业者追求事业动力来自于光宗耀祖，这有助于创立企业，更有利于做成为百年老店；另一方面，创业是为了满足顾客，造福一方，这样的行为体现出创业的社会责任。好的创业，应该是对社会有利的商业行为，如果社会舆论赞扬和支持创业行为的光宗耀祖，不只是用赚钱多少来体现，那么，一定让中华文化更加有利于好的创业。这样的文化不是更加优秀吗？

“孝”作为中华优秀文化的重要方面，有着独特民族意义，是民族的文化标识符，也是民族凝聚力的重要体现。传统中国没有严格的宗教，却有着人们深刻的行为约束，在很大程度上来自于孝的文化。“孝”形成秩序，也可以形成进步的动力，如果给祖宗增光是一种追求的话，就会形成一种文化约束力，产生行为底线的作用，也会形成激励，促进人们做大事。

中国存在着文化中断，几次强力打断了文化的延续性，我们需要从文化中寻找未来和谐发展的动力，它不应该只是一个国家战略和口号，更不应该用西方的理论去解释，或者只有行动力，却没有理论指导。我们必须认真回答，中华文化优秀在哪里？为何我们祖先创造的5000年文明没有中断，从祖先到今天的幸福感总量累加上看，我们中华民族是世界上最幸福的民族，那么一定会有原因。同时，面对今天的世界，我们也需要构建理论解释它如何是优秀的，以便在中华经济发展的同时，让世界的人们分享中华文化。

12.4　中华文化与创业机会

为什么中国只用了40年时间就成为世界经济强国？为什么在世界许多华人集中的地方，商业屡创奇迹，成为当地的商业主流？只用中华儿女勤劳、节俭是不能做出合理解释的，可能的一个重要原因是受到中华文化的影响，华人有对机会的深刻认识和有一套对机会把握的理念、方法。

1. 重视机会、强调行动

在中华词语中，“机不可失”和“当机立断”都是经常使用、出现频率最高成语之一，这都表现了中华文化对机会的重视和理解。

人们经常说“机不可失”，是指机会的一闪即释的特性。相同的机会往往只有一次，机会不会重新出现，一旦过去，就永远过去。因此，需要当机立断，如果不采取行动，说明还没有意识到那就是机会。只有用行动证明自己的判断，才是真正的判断，说得再多，都不能证明你的确相信那是一个机会。

确认机会需要的勇气和魄力，因为证明那是个机会是无法用历史经验证明，特别是在创业的道路上，重复的机会是不存在的，就是在这个意义上，中华文化对机会有着特别的认识。它要求人们重视机会，宁可信其有，不可信其无，宁可相信是一个机会，也不要轻易否定不是机会，特别是对于那些急于寻找机会的创业者来说更是如此。

2. 以静制动，乘机而动

“有机可乘”描述人们利用机会的决策现象和思考过程，其含义是，如果机会存在，就应该利用机会全部或部分地实现目标。这需要以静制动，不是主动发现机会，而是等待机会的出现。

在商业实践中，有可能是别人探索、发现和创造的机会，你只是一个受到提醒认识到这是一个机会的围观者，但是并不影响你的行动，先注意机会的人可能没有行动，或者行动了，动作不快、不坚决、不果断，或者行动了，但市场需求膨胀更快，给你留下了空档，或者存在着利用机会的产品与服务质量的漏洞，你不是做的早，却是做得最好的人。关注这样的机会是中华文化中的一个重要特点，近年在中国出现各种互联网创业项目，多有这样的特征。

等待有时对创业者来说，其意义在于不会分散资源，但只有等待也会失去机会，成功创业者往往是恰到好处地决策并行动，在没有足够理由激发自己的时候，还是应该蛰伏以待天下有变，一鼓作气完成事业。

3. 抓住机缘，放大机会

成语中有“一线生机”，意思是机会的大小并不是固定不变的，多数而言，机会只有微小的意义和存在的可能，甚至获得这样的机会希望十分渺茫，但对创业者说，它有可能是唯一的机会。对此，创业者必须放大这一机会。首先，要把这一线生机作为巨大的机会，比如，一个很小的赔本的生意，要比长期不能开张好得多，这是你的起点，需要创业者给予极大的重视；其次，也许就是因为极其重视，才将这一机会给放大了，因为创业者的态度和做法征服了需求者，培育了需求或者转移来了客户。

把任何的可能都当作机会，愿意牺牲并做出成就，以诚恳、感人至深的态度无怨无悔，都可以成为放大机会的起点。中华儿女走遍世界，没有什么机会等待他们，他们多数都是以这样的态度抓住机会创立事业的。

机会不是死的，“随机应变”是中华文化灵活性的重要表现，对待机会也要有这样的态度。顾客提出的问题，发表的抱怨，泄露出的不满，都是新需求的萌生，都意味着一些机会的到来，如果说创业者只等待着某种特定的机会，也许就包含在其中。“开门有益”，等客送机，应该是创业者的基本商业理念，也是中华儿女应该持有的对机会的态度。

12.5　中华文化与创业资源

创业需要资源，没有哪个民族比中华民族更重视资源对创业的意义，在中国人看来，资源的可靠性比资源的数量更重要。积累资源，将外部资源内化为可以控制的资源，是中华民族的重要行为特征。

1. 持续积累

中华文化讲究日积月累、聚沙成塔、集腋成裘、积少成多、积水成渊，意思是所有的资源都需要积累,没有积累就不能视其为资源,不能小看每天的小积累,只有这样的积累才是最有意义的。这些几乎意思相同的成语表达了中华文化对资源的理解,不仅重视资源为我所有,还要为我所用,不仅拥有资源,还重视建设资源。

积累资源,才会形成资源。许多人只重视外部资源。不论是内部资源,还是外部资源,都需要进行资源建设,没有人进行资源建设,就不可能形成资源,也就没有资源利用一说。那些只想利用资源,而不想建设资源的人都是假设别人在建设资源。中华文化立足于自己建设资源,这才让世界有了资源。只想一蹴而就,资源从天而降,不是中华文化之所为。

积累资源,在于把渺小的、几乎不可能的过眼云烟积累成有价值的资源,随时、随地积累。许多东西表面上看起来分散、零星、没有用途,一旦集中却成为力量。资源只有达到一定规模才能称其为资源,否则无法被利用,或者只能为他人所用。重视日常积累,为创业做好准备,一旦有了与资源相匹配的机会就可以行动了。所谓的机会是给那些有准备之人,是愿意积累资源并随时准备行动的人。

积累资源,才能变废为宝,变无用为有用,不断扩大资源拥有范围。在很大程度上,判断是否是资源取决于人们认识事物的视角,视角改变,对象的价值就会发生变化。中华文化中化害为利、化敌为友、化腐朽为神奇都包含了这样的理念。资源是客观的,但人是主观的,资源不改变,人的视角可以改变。世界上没有无用的人,也没有无用的东西,不可以轻易放弃,也不可以轻言无用。中华文化中的这一资源观对今天的世界意义特别重大,因为我们今天的世界面对着资源、环境的巨大压力,要从新的视角积累资源,才可以让世界资源得到节约。

积累资源,才会让资源形成所属。资源在建立过程会形成属性,谁建立,归属于谁,这是世界的基本道理。同时,也存在着资源的主动归属,特别是在加入了人格以后,资源会有人情,会有情感。在人力资源越来越重要的今天,不积累资源,把人力资源看成是物质资源一样的东西,经常会导致资源的流失，而中华文化以人为中心，长期建立关系，形成特有的资源观。

积累资源，才能做到心中有数，不会出现因为资源约束导致的创业失败。积累资源让资源在可控的范围内，明确知道哪些资源可用，有多少资源可用，有什么时间可用，在什么条件下可用。这些信息只有在资源完全可靠的情况才能够获得，在规范的市场经济条件下，契约被严格执行的可靠性也仍然存在着一定的风险。

2. 创业资源

中华文化重视稳中求进，不冒险，不贪恋，不脱离实际做可望而不可即的事。这一行为特征，与创业文化似乎有所背离。的确，创业强调冒险和进取，而中华文化的先守成，再进取，强化了内敛性的资源观，在今天的双创大潮中，这种文化来得有些落后。

尽管创业鼓励冒险，但也绝对不会鼓励单纯冒险，而是量力而行，只不过创业理论会把力（资源）看得更外向、更积极，而中华文化则强调那些没有指望的资源是不能作进取的根据的，两者的差异在于如何看待力（资源）的范围。中华文化形成一直保持着农耕社会，中华文化也深深地打上了农耕文化的烙印，而创业理论多沟通和规范西方文化，深受近代工业化思维的影响，是借助于市场经济制度进行理论构建和文化建设的。市场经济是分工的经济，是你利用我，我利用你的经济，因此，力（资源）往往以外部为主。中华文化主张的力（资源）略有保守，随着市场经济在中国的运用并取得了巨大的成就，中华文化的保守性也在发生变化，特别是各种与市场经济制度相一致的制度推进，中华文化的资源观已经出现了重大变化。即便西方文化也绝对不会把根本无法利用的资源作为行动的前提。从这个意义上说，量力而行是世界不同文化共同的要求。

创业仍然要坚持量力而行、进退有据。伤害了基本生活质量的创业并不可取，而是要做到准备时积极，行动时果断，但预期的目标与能力的配合要适当。其基本原则应该是，集中但要合理分配和使用资源，以生存为先，争取先机，留有余地；要积极发挥主动性，让资源尽快见到收益，形成资源的自我滚动；要内外结合，发展外部资源，最大限度地扩展外部资源。

每个人都有自己的资源，认为缺少资源，多是对资源看法简单、片面和固化，缺少资源的辩证观。世界上不存在唯一的资源，也不存在只有别人的资源，没有自己的资源。三国时期三足鼎立，是因为天时、地利、人和各在一方，每一方拥有自己的资源，发展了各自的事业。

创业亦是如此。当无法生存时，山穷水尽时，自己一点点技能就是资源。在深圳创业失败，想回老家的那位创业者，登上火车眼泪倾盆，走出火车站时，发现除两元钱，已身无分文，肚子很饿，如果用于吃饭，就再也没有翻身的本钱了。他忽然看到，人们接站时要用接站牌，决定做“出租接站牌”的生意，他与卖烟的商量，用一元钱买下他们的废烟盆，又买了一支笔，那天挣回来了能够活下去的钱，他会写字的技能发挥了作用。人不可能完全陷入绝境，需要的就是从新视角认识自己和周围环境，将一切都看成是可以发展成事业的资源。

资源的价值在于利用，只利用资源，资源的价值才能体现出来。所谓的“利用”就是把资源用于自己的想法上，借助于资源放大自己的想法，将想法变成现实。所以，利用资源，一要有创业的设想，不仅仅是抽象的创业目标，还要有具体的创业方案；二要依赖资源，要基于可以控制的资源，灵活、辩证地将资源用于创业的设想之中。可以从创业设想出发去认识资源，也可以从资源出发，构建自己的创业设想。这个世界可以做的事情很多，但是缺少资源，则一事无成。靠山吃山，靠水吃水，一方水土养一方人，从可以利用的资源出发，做成事业，而不是等待和幻想天下掉资源，也不是脱离手边可以用的资源，做与资源无关的事业，让周边的资源闲置，甚至成为负担。体现资源的价值，就是要积极利用资源，信赖和依靠资源，发展自己的事业，这是中华文化的精髓所在。让创业设想与资源充分地互动，在创业设想提出时，要更多地考虑资源的限制和潜力，以充分利用资源，体现资源的价值为导向。

传统中华文化存在着过度资源依赖现象，比如对吃不饱的恐惧，形成了特有的粮食文化和对土地的眷恋，把土地只看成是出产粮食的条件，没有看成其他有价值的条件，也形成了相对保守的思维。计划经济时代给中国人形成的对国家的过度依赖，也形成了错误的资源观。其实，创业活动在很大程度上是挖掘资源的活动，在无其他资源可以依赖的情况，靠山吃山，靠水吃水，这只是生存的资源观，如果创业成功，天下许多资源都可以依靠。不想资源的进取和放大，只想简单依赖某种资源，比如农民工资源、矿山资源、土地资源等，来获取财富并不是真正意义上的创业；同时，只是过度地利用单一资源，会透支资源使用环境，遭到自然和社会的约束与报复，牺牲的成本远大于获得的收益，得不偿失。

12.6　中华文化在创业中的优势

在传统主流文化打压之下经商行为受到很大抑制，创业的实践并不十分踊跃。改革开放以后中国有了日益宽松的创业环境，也不乏世界级的商业领袖，这表明，中华文化在创业中存在着优势，有利于创业成功。

首先，中华文化提倡上善若水，是先明确道德规范，再强调行为方式。善是人们应该普遍追求的，也是有利于社会的，它应该是最高的道德，没有人会反对这样的道德，是公共的道德标准；如何实现？中华文化提倡如水一样，给人们以行为准则。这样，善就不再空洞而是有了行为标准。更为重要的是，“上善”意味着可以有其他的“善”的表达方式，而最高的善的表现应该如水一样，为人们提供学习榜样，希望人们像水一样。对水的理解，应该有许多层面，水无形，因而可以贴近任何东西，在创业中，这意味着创业者要水一样去关爱顾客，对顾客的需求要无微不至地观察并尽可能满足。由无形的追求，推广至主动求变，内含创新的追求。上善若水，不可以刚烈，也不可以不主动改变自己，而是把自己置于市场之中，主动改变以适应市场需求。

这在创业中有着重要优势,因为创业的过程就是一个从假设到现实的“弄假成真”过程,也是一个为了让市场接受而不断改变自己的过程。这种主动迎合顾客的创业理念,十分有助于创业成功。上善苦水还表现为顾客总是对的,企业只要能着眼于改变自己,服务好顾客;水是向下流的,在市场中,众多的顾客居于下端,关爱平常百姓成为中华文化在创业中的一个重要特点。在创业中,越是走“大众”路线,市场规模越大,可让更多的顾客获得满足机会越多,这是善,而且是最高的善。在商业设计时,从平民百姓日常生活出发,发现他们生活中的不满,也就是发现各种痛点成为创业的重点。与此相反的,关爱高端社群,走上层路线,以制造痒点(奢侈品)为主的并不是中华文化在创业行为最有优势的。随着时间推移,人们的收入在逐渐提高,那些平民百姓也有精神需求,也会对兴奋点有需要,追求上善的创业者会为他们提供相应的精神享受。中华文化倡导“好雨知时节,润物细无声”,创业者会低调满足市场需求,及时为市场提供服务。从一般原理上,水具有高渗透性,文化也有这样的特征,如水一样,渗到各种可能的创业产业、创业环节和创业要素之中,能够主动将中华文化与创业活动进行结合,也体现了上善若水的理念。

中华文化提倡天人合一,知行合一,借助自然为人服务。在中华文化中,天是自然,人是自然的一部分。由于人制定了各种典章制度、道德规范,使人脱离了自然本性,变得与自然不协调。将人性解放出来,重新复归于自然。人类制定的制度、方法需要去除外界欲望的蒙蔽,达到一种自觉地履行道德原则的境界。创业的活动是改变世界,为世界增加新的内容,但这种增加需要借助自然力为人类服务,向自然索取也一定要维持自然的平衡,不能为了某些欲望而没有收敛,通过创业来实现人类社会的和谐进步,不仅是人与人之间的和谐,还有人与自然的和谐。不唯利是图,也不是无商不奸,而是遵从规律,顺应自然,以人自己的积极行动,为人类谋福祉。

如果已经知道创业是为社会提供福祉的活动，那就要付之行动，没有行动的“知”是没有意义的，先“知”而后动，是对创业者的要求，但是更重要的要求是知行合一。扩大知识面，确认知识的意义，明确知识的利用方式，让知成为行动的根据。因此，创业者需要学习，正如一些调查所言，成功人士的重要特点是利用好了业余时间，每天 1440 分钟，吃饭睡觉工作必要的时间占去 1200 分钟，剩余 240 分钟的利用成为成功与失败的分水岭，那些至少每天用 30 分钟学习的人，会不断发展，因为他们不断扩展知识、深化知识，从而能够最大程度利用知识。知识的学习在于使用，而今天的世界最好的知识使用就是创业，因为只有创业才是推动社会发展，改进社会的根本。

对中华文化核心理念有一些其他概括，比如有一位学者将中华文化概括为：天人之学，道法自然，居安思危，自强不息，诚实守信，厚德载物，以民为本，仁者爱人，尊师重道，和而不同，日新月异，天下大同。从创业角度，可以分为面对顾客和社会的商业伦理和面向企业内部员工与文化的社会伦理，中华文化在这两个方面都有传统优势。

12.7 追求百年老店的创业需要中华文化

如果把创业定义成上市，然后兑现创业利润的活动，已经远离了中华文化。创业的本意是为了一个事业，在分工极端化的背景下，创业与企业日常管理切割开，认为能够创业的人，不一定能够做好管理，如创业者把创业完成的企业交给管理者，退出企业。如果创业者经常这样做，他是创业家。理论上是如此，但创业者往往会把自己创立的企业当作孩子，是他的事业追求。哪里有把自己的孩子卖钱，让别人来抚养的呢？只有完全理性，极端追求利益的社会才会这样，这样的社会把一切都作为获得财富的办法，包括分工也极端化，人与人之间的联系都已经被追求效率的社会给挤占了，每个人都是独立的，人与人之间只有法律关系和利益关系，没有其他关系，这种极端应该对人类也是一种玷污，因为人类追求效率、利益和财富只是一个维度，而不是全部。

至于创业者不是立志成为创业家，而是被投资者所绑架，推动着上市，获得股权退出机会以后，就套现利益，随意地管理企业，业绩持续下滑的上市行为更是人类利用制度谋利，是把好的制度推向反对的做法，也是人类发展的重要障碍。严格地说，这种人不应该创业，这样的企业一旦上市，似乎就意味着完成了创业任务，并非是中华文化让中国的企业有如此强烈的投机心理，是制度不完善、执行不彻底造成的，当制度没有闭合、执行不严格，不如没有制度，因为制度会被操纵和利用，而操纵和利用变成经验的时候，文化也在随之改变。

在中华文化背景下的创业行为，应该有正确的发展观，因为中华文化倡导十年树木、百年树人，倡导不见利忘义、背信弃义，坚守“一言既出，驷马难追”，会把企业培育成自己理想的样子。在中华大地上，曾经的老字号设法生存、发展、壮大，把做企业当作事业，所以存在着长达几百年的老店，也存在着一代又一代传承的家族企业。

在中华文化中，立德树人是极其具有风尚的追求，是人们的楷模，一个商家的经营时间不够，意味着树人的时间不够，还不足以立德，因为还没有经过市场检验；相反，那些百年老店遵守自己的道德、商业信仰，是在维护自己道德资产，是一种自我尊重，对名声的追求是自我爱护。这可以形成一种机制，越是百年老店，越会严格要求自己的行为，处处小心谨慎，唯恐失去信誉资产，同时也会尊重顾客，从顾客那里获得发展的动力与智慧；相反，越是尊重顾客，为顾客着想，越会在顾客中留下好的名声，从而增大声誉资产，最后企业越会得到发展。

到底是创业→上市→套利好，还是打造并小心经营一个百年老店好，多数人会选择后者，而这恰恰是中华文化可以影响的行为。

股市这种制度存在着刺激人们投机套利机会，但是作为融资的平台，它也是资金资源优化配置的手段和工具，放弃这种制度等于不承认这种制度给人类带来的好处，需要严格构建这种制度，根据股市只是融资平台来建设和运行股市。同时，我们也应该看到，树立中华文化，可以在一定程度上纠正股市上的投机套利行为。

拥有中华文化的创业者之中的最优秀分子应该是把创建的企业当作事业，如果管理能力不够，可以吸收外部资源，不论是引进人才，还是借助外脑，都要全力以赴地经营企业，直到百年老店；次之是借助股市退出股权，再创立一家企业，但退出不是为了获利，而是为了让企业经营得更好。

本章小结

中华文化强调“和而不同”，承认差别，承认不同，承认进步，但先要和谐，在和谐的前提下进步。进步是人类的，只有自己的进步，而牺牲别人的进步，不符合人类利益，向自己挖掘资源潜力，而不是向别人索取财富，才会放大人类利益。这正是中华文化优秀之处，也是未来世界的重要文化取向。中国在走向强大，需要将这一优秀文化分享给世界，特别是通过创业行为实现优秀中华文化的传播。

创业理论要体现文化，能够有吸收文化的能力，这是文化的渗透性决定的。从中华文化出发，建立以中华文化为基础，吸收了西方创业理论，来指导人们的创业实践是本章的目的。首先以中华文化为背景，结合国内外主流创业理论，强调创业是一个长期的过程，是一个追求百年老店的过程，也是一个不断成长的过程；其次，从人出发，而不是从机会出发，把创业与人的成长结合起来，使文化更能体现在创业过程和创业结果之中；最后，从文化角度理解创业机会，评估创业机会，通过创业机会的挖掘，弘扬中华文化。

思考与实践题

1. 描述文化的六条渗透通道。
2. 分析中华文化优秀在哪里。
3. 描述中华文化在创业中的优势。
4. 为什么说追求百年老店的创业需要中华文化？

后记

最近区块链成为一个时尚的话题，除了老师还有学生要求讨论，某学生说他在股市上投了点钱进到区块链板块，结果被套住了。

在一些群里，有人这样解释，“中国最早的区块链项目是麻将，将比特币的运行机制代入麻将中我们会发现，麻将机就相当于矿机，四个打牌的人就是矿工，花费时间洗牌、摸牌、打牌的整个过程就是在挖矿，在打牌的过程中最先得到13个正确数列组合的玩家获胜，其余每人给获胜者支付相应的筹码作为奖励，这个奖励就相当于比特币。这其中就存在区块链的共识机制。为什么其他玩家都会主动给获胜者奖励，是因为打麻将的人都自动达成了共识，获胜者赢钱，大家都记录了这笔账并认定这笔账有效，甚至包括坐在旁边看打牌的牌友，每个人都在心中为牌局记了账，想抵赖是不行的。打麻将的过程具有区块链不可篡改的特性，而且中间没有任何第三方评判，奖励也是直接的点对点交易，这就是一个去中心化的过程。”可见人们关注的程度之深。

讨论的结果分成两派，一派认为这个东西有这么大的兴趣吗？以为区块链就是一个多中心的记账系统，用数据冗余保证了数据一致性。目前的意义，是用技术手段解决了信用问题。区块链只是一个技术，其实不是太成熟，评价太高了。美国和德国政府都在推区块链，就是通过技术保密，但是如果在量子技术面前，就不存在了。那么未来区块链技术就要居于量子技术上进行。因此，量子计算可怕之处就在于它对密码的破解能力，特别是它超强的计算能力，而区块链、数字货币其实最值得得意的地方就是安全，若被量子计算破解，那它的优势将荡然无存，这也是当前一说起量子计算、量子霸权，就会想到区块链的安全问题无法保证，这也许就是认为数字货币在量子机前一文不值的原因。事实上，区块链最大的支撑就是数学。区块链的世界，源自数学世界的加密算法，是核心中的核心。量子计算的核心基础也是数学。任何科技的发展，都离不开这些基础科学的进步，比如数学。一个国家强大的数学计算能力往往可以协助实现科技创新的里程碑式的突破。区块链有两大特征，一个是可溯源和不可修改，另一个是分散式账本的去中心化。对于亚洲未来共同的虚拟货币来说，区块链的可溯源和不可修改，解决了亚洲各国之间的不信任问题；区块链的分布式账本和去中心化，又解决了亚洲各国的货币主导权之争。可以说，十多年前困扰我们的问题，通过区块链技术，拥有了真正可以解决的方案。

另一派的观点是由于区块链技术能够保证所有数据的完整性、永久性和不可更改性，个人和企业的信息可以上传至区块链中，从而使得银行可以更方便快捷地调用到最可靠的信息，对企业或个人进行信用评估；而保险公司也能更加及时、准确地获得风险信息，对投保人进行评估；审计行业在交易取证、追踪、关联、回溯等方面的问题也能迎刃而解。我觉得中国社会长期以来存在的问题是诚信问题，靠个人觉悟来改变是很难的，应通过制度加以规范。区块链主要在银行征信管理、保险管理、金融审计方面。区块链技术能让互联网数据的价值量化，并可以让有价值的数据在陌生人之间直接进行交易。区块链技术通过公钥和私钥的配合，确实让互联网上的数据在加密和交易方面变得简单和方便。说起区块链的意义，我们可以类比一下互联网和物联网，互联网的出现解决了信息传递的问题，而物联网的出现解决了终端接入的问题，物联网让互联网的两端可以是各种设备。区块链的出现也依附于互联网，它解决了互联网无法很好解决的问题，那就是信息的价值体现，区块链上信息的传播可以溯源，这样可以有效防止信息的盗用以及数据的泄露。

我站在后者的立场上，认为区块链可能会成为一个解决许多重要问题的关键。如征信体系建立，这特别需要通过技术来实现，它将支持许多与金融有关的行业发展，也可以让银行运行更加安全；在区块链发展中，获得世界货币机会，它可以去中心化。5G需要这样的技术，因为5G的应用将会越来越多的智能化，是机器在工作，如果被篡改，这个系统将是灾难。国家高度重视它对中国社会经济会起到的重要推动作用。

附录A　区块链专业术语(英汉对照)

通用术语

Blockchain(区块链):基于密码学的可实现信任化的信息存储和处理技术。

CA(Certificate Authority):负责证书的创建、颁发,在PKI体系中最为核心的角色。

Chaincode(链上代码):运行在区块链上提前约定的智能合约,支持多种语言实现。

Decentralization(去中心化):不需要一个第三方的中心机构存在。

Distributed(分布式):非单体中央节点的实现,通常由多个个体通过某种组织形式联合在一起,对外呈现统一的服务形式。

Distributed Ledger(分布式账本):由多家联合维护的去中心化(或多中心化)的账本记录平台。

DLT(Distributed Ledger Technology,分布式账本技术):包括区块链、权限管理等在内的实现分布式账本的技术。

DTCC(Depository Trust and Clearing Corporation,存托和结算公司):全球最大的金融交易后台服务机构。

Fintech(Financial Technology):跟金融相关的(信息)技术。

hash:哈希算法,任意长度的二进制值映射为较短的固定长度的二进制值的算法。

Lightning Network(闪电网络)：通过链外的微支付通道来增大交易吞吐量的技术。

Market Depth(市场深度)：衡量市场承受大额交易后汇率的稳定能力，例如证券交易市场出现大额交易后价格不出现大幅波动。

Nonce(密码学术语)：表示一个临时的值，多为随机字符串。

P2P(点到点的通信网络)：网络中所有节点地位均等，不存在中心化的控制机制。

PKI(Public key infrastructure)：基于公钥体系的安全基础架构。

Smart Contract(智能合约)：运行在区块链上提前约定的合同。

Sybil Attack(女巫攻击)：少数节点通过伪造或盗用身份伪装成大量节点，进而对分布式系统进行破坏。

SWIFT(Society for Worldwide Interbank Financial Telecommunication，环球银行金融电信协会)：运营世界金融电文网络，服务银行和金融机构。

Turing-complete(图灵完备)：指一个机器或装置能用来模拟图灵机(现代通用计算机的雏形)的功能，图灵完备的机器在可计算性上等价。

比特币、以太坊相关术语

Bitcoin(比特币)：中本聪发起的数字货币技术。

DAO(Decentralized Autonomous Organization，分布式自治组织)：基于区块链的按照智能合约联系起来的松散众筹群体。

Mining(挖矿)：通过暴力尝试来找到一个字符串，使得它加上一组交易信息后的 hash 值符合特定规则(例如前缀包括若干个 0)，找到的人可以宣称新区块被发现，并获得系统奖励的比特币。

Miner(矿工)：参与挖矿的人或组织。

Mining Machine(矿机)：专门为比特币挖矿而设计的设备，包括基于软件、GPU、FPGA、专用芯片等多种实现。

Mining Pool(矿池)：采用团队协作方式来集中算力进行挖矿，对产出的比特币进行分配。

PoW(Proof of Work,工作量证明):在一定难题前提下求解一个 SHA-256 的 hash 问题。

HyperLedger 相关术语

Auditability(审计性):在一定权限和许可下,可以对链上的交易进行审计和检查。

Block(区块):代表一批得到确认的交易信息的整体,准备被共识加入到区块链中。

Blockchain(区块链):由多个区块链接而成的链表结构,除了首个区块,每个区块都包括前继区块内容的 hash 值。

Chaincode(链码):区块链上的应用代码,扩展自"智能合约"概念,支持 golang、nodejs 等。

Committer(提交节点):1.0 架构中一种节点角色,负责对排序后的交易进行检查,选择合法的交易执行并写入存储。

Confidentiality(保密):只有交易相关方可以看到交易内容,其他人未经授权则无法看到。

Endorser(推荐节点或背书节点):1.0 架构中一种节点角色,负责检验某个交易是否合法,是否愿意为之背书、签名。

Ledger(账本):包括区块链结构(带有所有的交易信息)和当前的世界观(world state)。

MSP(Member Service Provider,成员服务提供者):成员服务的抽象访问接口,实现对不同成员服务的可拔插支持。

Non-validating Peer(非验证节点):不参与账本维护,仅作为交易代理响应客户端的 REST 请求,并对交易进行一些基本的有效性检查,之后转发给验证节点。

Orderer(排序节点):1.0 架构中的共识服务角色,负责排序看到的交易，提供全局确认的顺序。

Permissioned Ledger(带权限的账本)：网络中所有节点必须是经过许可的，非许可过的节点则无法加入网络。

Privacy(隐私保护)：交易员可以隐藏交易的身份，其他成员在无特殊权限的情况下，只能对交易进行验证，而无法获知身份信息。

Transaction(交易)：执行账本上的某个函数调用。具体函数在 chaincode 中实现。

Transactor(交易者)：发起交易调用的客户端。

Validating Peer(验证节点)：维护账本的核心节点，参与一致性维护、对交易的验证和执行。

World State(世界观)：一个键值数据库，chaincode 用它来存储交易相关的状态。

附录 B　相关企业和组织

排名不分先后，大部分信息来自互联网，不保证信息准确性，如有修改意见，欢迎联系。

国 际 企 业

IBM：贡献区块链平台代码到 HyperLedger 项目，推动区块链产业发展，跟多家银行和企业进行区块链项目合作。

DTCC：贡献区块链代码到 HyperLedger 项目。

Circle：基于区块链的支付应用公司，已获得 6000 万美元 D 轮投资，投资者包括 IDG、百度、中金甲子、广大投资等，年交易额超过 10 亿美元。

Consensus：区块链创业团队，试图打造区块链平台技术和应用支撑，获得多家投资。

国 际 组 织

R3CEV：创立于 2015 年 9 月，总部位于纽约的金融联盟组织，专注于研究和评估基于区块链的金融技术解决方案，由四十多家国际金融机构组成，包括 Citi、BOA、高盛、摩根、瑞银、IBM、微软等。R3 开源技术已经宣布加入 HyperLedger 项目。

[HyperLedger 社区](https://hyperledger.org)：创立于 2015 年 12 月的技术社区，由 Linux 基金会管理，包括 IBM、Accenture、Intel、J. P. Morgan、R3、DAH、DTCC、FUJITSU、HITACHI、SWIFT、Cisco 等多家企业

参与成立，试图打造面向企业应用场景的分布式账本平台。

Ethereum 社区：围绕以太坊区块链平台的开放社区。

DAO（Distributed Autonomous Organization）：基于以太坊平台的公募基金（众筹）组织，或去中心化的风投。众筹资金超过 1.6 亿美元。

国内学术界

清华大学

中科院

上海交通大学

国内企业

中国电信：研究区块链相关技术，包括去中心化共享经济平台等。

世纪互联：投资区块链技术团队，牵头成立"中关村区块链产业联盟"。

银联：关注区块链相关技术，尝试引入基于区块链的银行业积分系统。

能链：专注于能源产品相关的区块链应用。

恒生电子：2016 年牵头成立"金链盟"，希望通过区块链技术为金融行业提供更简单的产品。

布比：主要关注数字资产管理的技术型创业企业，区块链相关平台和产品。

小蚁：主要关注对资产和权益进行数字化，2014 年于上海组建成立。

火币：国内较大的比特币交易代理平台。

BeLink：关注保险行业积分系统，主要产品为数贝荷包。

BitSe：主要产品为唯链（Vechain），面向物品防伪追踪、数字版权管理相关。

万向集团：投资多家区块链创业团队，致力于推动产业发展。

国内组织

中关村区块链产业联盟：2016 年 2 月 3 日成立于北京，由世纪互联联合清华大学、北京邮电大学等高校、中国通信学会、中国联通研究院等运营商，及集佳、布比网络等公司发起。

ChinaLedger：2016 年 4 月成立于上海，成员包括中证机构间报价系统股份有限公司、中钞信用卡产业发展有限公司北京智能卡技术研究院、万向区块链实验室、浙江股权交易中心、深圳招银前海金融资产交易中心、厦门国际金融资产交易中心、大连飞创信息技术有限公司、通联支付网络服务股份有限公司、上海矩真金融信息服务有限公司、深圳瀚德创客金融投资有限公司、乐视金融等。

金融区块链合作联盟(金链盟)：2016 年 5 月 31 日成立于深圳，包括平安银行、恒生电子、京东金融、腾讯微众银行、华为、南方基金、国信证券、安信证券、招商证券、博时基金等 25 家公司与机构。

参考文献

[1] NAKAMOTO S. Bitcoin：A peer-to-peer electronic cash system[DB/OL]. [2018-11-11]. https://bitcoin.org/bitcoin.pdf，2008.

[2] 秦波，陈李昌豪，伍前红，等. 比特币与法定数字货币[J]. 密码学报，2017,4(2)：176-186.

[3] BONNEAUJ，MILLER A，CLARK J，et al. SoK：Research perspectives and challenges for Bitcoin and cryptocurrencies[C]. In：Proceeding of the 2015 IEEE Symposium on Security and Privacy (SP). IEEE Computer Society，2015.

[4] REID F，HARRIGAN M. An analysis of anonymity in theBitcoin system[M]. New York：Springer,2013：197-223.

[5] AKKOYUNLU E A，EKANADHAM K，HUBER R V. Some constraints and tradeoffs in the design of network communications[J]. Acm Sigops Operating Systems Review，1975，9(5):67-74.

[6] LAMPORT L，SHOSTAK R，PEASE M. The Byzantinegenerals problem[J]. ACM Transactions on Programming Languages and Systems，1982，4(3)：382-401.

[7] LAMPORT L. The part-time parliament[J]. ACM Transactions on Computer Systems (TOCS)，1998，16(2)：133-169. [DOI：10.1145/279227.279229].

[8] CASTRO M，LISKOV B. Practical Byzantine fault tolerance[C]. In：Proceedings of the Third Symposium on Operating Systems Design and Implementation (OSDI). USENIX，1999：173-186.

[9] DOUCEUR J R. The sybil attack[C]. International workshop on peer-to-peer systems. Springer，Berlin，Heidelberg，2002：251-260. [DOI：10.1007/3-540-45748-8_24].

[10] GERVAIS A，KARAME G O，CAPKUN V，et al. IsBitcoin a decentralized currency? [J]. IEEE security and privacy，2014，12(3)：54-60.

[11] ABRAHAM I，GUETA G，MALKHI D. Hot-Stuff the linear，optimal-resilience，one-message BFTdevil[DB/OL]. [2018-11-11]. https://arxiv.org/pdf/1803.05069.pdf，2018.

[12] GUETA G G，ABRAHAM I，GROSSMAN S，et al. SBFT：a scalable decentralized trust infrastructure for blockchains[DB/OL]. [2018-11-11]. https://arxiv.org/pdf/1804.01626.pdf，2018.

[13] VERONESE G S，CORREIA M，BESSANI A N，et al. Efficient byzantine fault-tolerance[J]. IEEE Transactions on Computers，2013，62(1)：16-30.

[14] MILLER A，XIA Y，CROMAN K，et al. The honey badger of BFT protocols[C]. In：Proceedings of the 2016 ACM SIGSAC Conference on Computer and

Communications Security (CCS). ACM, 2016: 31-42.

[15] CACHIN C. Architecture of thehyperledger blockchain fabric[DB/OL]. [2018-11-11]. https://pdfs.semanticscholar.org/f852/c5f3fe649f8a17ded391df0796677a59927f.pdf.

[16] ANDROULAKI E, BARGER A, BORTNIKOV V, et al. Hyperledger fabric: a distributed operating system for permissioned blockchains[C]. In: Proceedings of the Thirteenth EuroSys Conference. ACM, 2018: 30.

[17] HANKE T, MOVAHEDI M, WILLIAMS D. Dfinity technology overview series consensus system[DB/OL]. [2018-11-11]. https://arxiv.org/pdf/1805.04548.pdf, 2018.

[18] CHAN T H H, PASS R, SHI E. PaLa: A simple partially synchronous blockchain [DB/OL]. [2018-11-11]. https://eprint.iacr.org/2018/981.pdf 2018.

[19] BUTERIN V. A next-generation smart contract and decentralized application platform [DB/OL]. [2018-11-11]https://cryptorating.eu/whitepapers/Ethereum/Ethereum_white_paper.pdf, 2014.

[20] EYAL I, GENCER A, SIRER E, et al. Bitcoin-NG: A scalable blockchain protocol [C]. In: Proceedings of the 13th USENIX Symposium on Networked Systems Design and Implementation (NSDI). USENIX, 2016: 45-59.

[21] PASS R, SHI E. Fruitchains: A fair blockchain[C]. In: Proceedings of the ACM Symposium on Principles of Distributed Computing. ACM, 2017: 315-324.

[22] SOMPOLINSKY Y, ZOHAR A. Secure high-rate transaction processing in Bitcoin [C]. International Conference on Financial Cryptography and Data Security. Springer, Berlin, Heidelberg, 2015: 507-527.

[23] SOMPOLINSKY Y, LEWENBERG Y, ZOHAR A. SPECTRE: A fast and scalable cryptocurrency protocol[DB/OL]. [2018-11-11]. https://allquantor.at/blockchainbib/pdf/sompolinsky2016spectre.pdf, 2016: 1159.

[24] KING S, NADAL S. PPcoin: Peer-to-peer crypto-currency with proof-of-stake[EB/OL]. https://peercoin.net/assets/paper/peercoin-paper.pdf. 2012.

[25] BUTERIN V, GRIFFITH V. Casper the friendly finalitygadget[DB/OL]. [2018-11-11]. https://arxiv.org/pdf/1710.09437.pdf, 2017.

[26] DAIAN P, PASS R, SHI E. Snow white: Robustly reconfigurable consensus and applications to provably secure proofs ofstake[DB/OL]. [2018-11-11]https://eprint.iacr.org/2016/919.pdf, 2017.

[27] KIAYIAS A, RUSSELL A, DAVID B, et al. Ouroboros: A provably secure proof-of-stake blockchain protocol[C]. In: Advances in Cryptology—CRYPTO 2017, Part Ⅰ. Springer Cham, 2017: 357-388. [DOI: 10.1007/978-3-319-63688-7_12].

[28] LARIMER D. EOS an introduction [DB/OL]. [2018-11-11]. https://eos.io/documents/EOS_An_Introduction.pdf, 2018.

[29] DECKER C, SEIDEL J, WATTENHOFER R. Bitcoin meets strong consistency[C]. In: Proceedings of the 17th International Conference on Distributed Computing and

Networking. ACM，2016：13.

[30] KOGIAS E，JOVANOVIC P，GAILLY N，et al. Enhancing Bitcoin security and performance with strong consistency via collective signing[C]. In：Proceedings of the 25th USENIX Security Symposium. USENIX，2016：279-296.

[31] ABRAHAM I，MALKHI D，NAYAK K，et al. Solida：A blockchain protocol based on reconfigurable Byzantine consensus[DB/OL]. [2018-07-28] https://arxiv.org/pdf/1612.02916，2016.

[32] PASS R，SHI E. Hybrid consensus：Efficient consensus in thepermissionless model [C]. In：Proceedings of the 31st International Symposium on Distributed Computing (DISC). Dagstuhl，Germany，2017：39. [DOI：10.4230/LIPIcs.DISC.2017.39].

[33] PASS R，SHI E. Thunderella：Blockchains with optimistic instant confirmation[C]. Annual International Conference on the Theory and Applications of Cryptographic Techniques. Springer，Cham，2018：3-33.

[34] MICALI S. Algorand：Scaling byzantine agreements for cryptocurrencies [DB/OL]. [2018-11-11]https://eprint.iacr.org/2017/454.pdf

[35] LUU L，NARAYANAN V，ZHENG C D，et al. A securesharding protocol for open blockchains[C]. In：Proceedings of the 2016 ACM SIGSAC Conference on Computer and Communications Security (CCS). ACM，2016：17-30. [DOI：10.1145/2976749.2978389].

[36] KOGIAS E K，JOVANOVIC P，GASSER L，et al. Omniledger：A secure，scale-out，decentralized ledger via sharding[C]. In：Proceedings of the 2018 IEEE Symposium on Security and Privacy (SP). IEEE，2018：583-598.

[37] AL-BASSAM M，SONNINO A，BANO S，et al. Chainspace：A sharded smart contracts platform[DB/OL]. [2018-11-11] https://arxiv.org/pdf/1708.03778，2017.

[38] ZAMANI M，MOVAHEDI M，RAYKOVA M. RapidChain：Scaling blockchain via full sharding[C]. In Proceedings of the 2018 ACM SIGSAC Conference on Computer and Communications Security (CCS). ACM，2018：931-948.

[39] 袁勇，倪晓春，曾帅，王飞跃. 区块链共识算法的发展现状与展望[J]. 自动化学报，2018，42(4):481-494.

[40] 韩璇，刘亚敏. 区块链技术中的共识机制研究[J]. 信息网络安全，2017(9):147-152.

[41] 杨宇光，张树新. 区块链共识机制综述[J]. 信息安全研究，2018(4).

[42] 范捷，易乐天，舒继武. 拜占庭系统技术研究综述[J]. 软件学报，2013，24(6)：1346-1360.

[43] BANO S，SONNINO A，AL-BASSAM M，et al. Consensus in the age ofblockchains [DB/OL]. [2018-11-11]https://arxiv.org/pdf/1711.03936.pdf，2017.

[44] ZOHAR A. Securing and scaling cryptocurrencies [C]. In：Proceedings of the Twenty-Sixth International Joint Conference on Artificial Intelligence (IJCAI). 2017，17：5161-5165.

[45] CACHIN C，VUKOLIĆ M. Blockchains consensus protocols in the wild[DB/OL].

[2018-11-11] https://arxiv.org/pdf/1707.01873.pdf , 2017.

[46] BANO S, AL-BASSAM M, DANEZIS G. The road to scalableblockchain designs [DB/OL]. [2018-11-11]https://sheharbano.com/assets/publications/usenix_login_2017.pdf.

[47] PASS R, SHI E. Rethinking large-scale consensus[C]. In: Proceedings of the 2017 IEEE 30th Computer Security Foundations Symposium (CSF). IEEE, 2017: 115-129.

[48] GARAY J, KIAYIAS A. SoK: A consensus taxonomy in the blockchain era[DB/OL]. [2018-11-11]https://eprint.iacr.org/2018/754, 2018.

[49] SCHNEIDER F B. Implementing fault-tolerant services using the state machine approach: A tutorial[J]. ACM Computing Surveys (CSUR), 1990, 22(4): 299-319.

[50] GARAY J, KIAYIAS A, LEONARDOS N. TheBitcoin backbone protocol: Analysis and applications[C]. In: Advances in Cryptology—EUROCRYPT 2015, Part Ⅱ. Springer Berlin Heidelberg, 2015: 281-310. [DOI: 10.1007/978-3-662-46803-6_10].

[51] PASS R, SEEMAN L, SHELAT A. Analysis of theblockchain protocol in asynchronous networks[C]. In: Advances in Cryptology—EUROCRYPT 2017, Part Ⅱ. Springer Cham, 2017: 643-673. [DOI: 10.1007/978-3-319-56614-6_22].

[52] DWORKC. Consensus in the presence of partial synchrony[J]. Journal of the Acm, 1988, 35(2):288-323.

[53] BERNSTEIN D J. The Poly1305-AES message-authentication code[C]. International Workshop on Fast Software Encryption (FSE). Springer, Berlin, Heidelberg, 2005: 32-49.

[54] FISCHER M J, LYNCH N A, PATERSON M S. Impossibility of distributed consensus with one fault process[R]. Yale Univ New Haven Ct Dept of Computer Science, 1982.

[55] RABIN M O. Randomized byzantine generals[C]. In:Processings of the 24th Annual Symposium on Foundations of Computer Science (FOCS). IEEE, 1983: 403-409.

[56] BEN-OR M. Another advantage of free choice (extended abstract): Completely asynchronous agreement protocols[C]. In: Proceedings of the second annual ACM symposium on Principles of distributed computing. ACM, 1983: 27-30.

[57] CACHIN C, KURSAWE K, SHOUP V. Random oracles in Constantinople: Practical asynchronous Byzantine agreement using cryptography [J]. Journal of Cryptology, 2005, 18(3): 219-246.

[58] ABRAHAM I, MALKHI D, SPIEGELMAN A. Validated asynchronous byzantine agreement with optimal resilience and asymptotically optimal time and word communication [DB/OL]. [2018-11-11]https://arxiv.org/pdf/1811.01332.pdf.

[59] BAZZI R A. Synchronous Byzantine quorum systems[J]. Distributed Computing, 2000, 13(1): 45-52.

[60] LIU S, VIOTTI P, CACHIN C, et al. XFT: Practical fault tolerance beyond crashes

[DB/OL]. [2018-11-11]https://www. usenix. org/system/files/conference/osdi16/osdi16-liu. pdf.

[61] ABRAHAM I, DEVADAS S, DOLEV D, et al. Efficient synchronous Byzantine consensus[DB/OL]. [2018-11-11]. https://arxiv. org/pdf/1704. 02397. pdf, 2018.

[62] GENNARO R, JARECKI S, KRAWCZYK H, et al. Secure distributed key generation for discrete-log based cryptosystems[C]. In: Proceedings of International Conference on the Theory and Applications of Cryptographic Techniques. Springer, Berlin, Heidelberg, 1999: 295-310.

[63] BONEH D, BOYEN X. Short signatures without random oracles[C]. International Conference on the Theory and Applications of Cryptographic Techniques. Springer, Berlin, Heidelberg, 2004: 56-73.

[64] PEDERSEN T P. Non-interactive and information-theoretic secure verifiable secret sharing [C]. Annual International Cryptology Conference. Springer, Berlin, Heidelberg, 1991: 129-140.

[65] MICALI S, RABIN M, VADHAN S. Verifiable random functions[C]. In: Proceedings of the 40th Annual Symposium on Foundations of Computer Science. IEEE, 1999: 120-130.

[66] POMERANZ I, REDDY S M. 3-weight pseudo-random test generation based on a deterministic test set for combinational and sequential circuits[J]. IEEE Transactions on Computer-Aided Design of Integrated Circuits and Systems, 1993, 12(7): 1050-1058.

[67] KNUTH D E. The art of computer programming: sorting and searching[M]. New York: Pearson Education, 1997.

[68] DWORK C, NAOR M. Pricing via processing or combatting junk mail[C]. In: Advances in Cryptology—CRYPTO'92. Springer Berlin Heidelberg, 1993: 139-147. [DOI: 10. 1007/3-540-48071-4_10].

[69] BACK A. Hash cash: A denial of service counter-measure[DB/OL]. [2018-11-11] http://www. hashcash. org/papers/hashcash. pdf, 2001.

[70] BEN-SASSON E, CHIESA A, GARMAN C, et al. Zerocash: Decentralized anonymous payments from Bitcoin[C]. In: Proceedings of 2014 IEEE Symposium on Security and Privacy (SP). IEEE, 2014: 459-474. [DOI: 10. 1109/SP. 2014. 36].

[71] ATZEI N, BARTOLETTI M, CIMOLI T, et al. SoK: unraveling Bitcoin smart contracts[DB/OL]. [2018-11-11]. https://eprint. iacr. org/2018/192. pdf.

[72] KOSBA A, MILLER A, SHI E, et al. Hawk: Theblockchain model of cryptography and privacy-preserving smart contracts[C]. In: Proceedings of 2016 IEEE Symposium on Security and Privacy (SP). IEEE, 2016: 839-858. [DOI: 10. 1109/SP. 2016. 55].

[73] KIAYIAS A, PANAGIOTAKOS G. On trees, chains and fast transactions in theblockchain[DB/OL]. [2018-11-11]. https://eprint. iacr. org/2016/545. pdf, 2016: 545.

[74] SERGUEI P. The Tangle[DB/OL]. [2018-11-11]. http://iotatoken.com/IOTA_Whitepaper.pdf, 2018.

[75] CHURYUMOV A. Byteball: A decentralized system for storage and transfer of value [DB/OL]. [2018-11-11]. https://byteball.org/Byteball.pdf, 2008.

[76] ANDERSON K. Hedera: A governing council and public hashgraph network [DB/OL]. [2018-11-11]. https://www.hedera.com/hh-whitepaper-v1.4-181017.pdf, 2018.

[77] 喻辉，张宗洋，刘建伟. 比特币区块链扩容技术研究[J]. 计算机研究与发展，2017，54(10)：2390-2430.

[78] POON J, DRYJA T. The bitcoin lightning network: Scalable off-chain instant payments[DB/OL]. [2018-11-11]. https://lightning.network/lightning-network-paper.pdf, 2016.

[79] KHALIL R, GERVAIS A. Revive: Rebalancing off-blockchain payment networks [C]. In: Proceedings of the 2017 ACM SIGSAC Conference on Computer and Communications Security (CCS). ACM, 2017: 439-453.

[80] DZIEMBOWSKI S, ECKEY L, FAUST S, et al. Perun: Virtual payment hubs over cryptocurrencies[C]. In: Proceedings of the 2019 IEEE Symposium on Security and Privacy (SP), 2019: 327-344[DOI:10.1109/SP.2019.00020].

[81] ALEX D V. Bitcoin energy consumption index[DB/OL]. [2018-11-11]. https://digiconomist.net/bitcoin-energy-consumption, 2018.

[82] HEILMAN E, KENDLER A, ZOHAR A, et al. Eclipse attacks on Bitcoin's peer-to-peer network [C]. In: Proceedings of the 24th USENIX Security Symposium. USENIX, 2015: 129-144.

[83] MARCUS Y, HEILMAN E, GOLDBERG S. Low-resource eclipse attacks onEthereum's peer-to-peer network[DB/OL]. [2018-11-11]. IACR https://eprint.iacr.org/2018/236.pdf, 2018: 236.

[84] BONNEAU J. Why buy when you can rent? [DB/OL]. [2018-11-11]. http://citeseerx.ist.psu.edu/viewdoc/download? doi=10.1.1.698.738&rep=rep1&type=pdf.

[85] LIAO K, KATZ J. Incentivizing blockchain forks via whale transactions[DB/OL]. [2018-11-11]. http://chess.cs.umd.edu/~jkatz/papers/whale-txs.pdf.

[86] EYAL I, SIRER E. Majority is not enough: Bitcoin mining is vulnerable [J]. Communications of the ACM, 2018, 61(7): 95-102. [DOI: 10.1145/3212998].

[87] EYAL I. The miner's dilemma[C]. In: Proceedings of 2015 IEEE Symposium on Security and Privacy (SP). IEEE, 2015: 89-103. [DOI: 10.1109/SP.2015.13].

[88] NAYAK K, KUMAR S, MILLER A, et al. Stubborn mining: Generalizing selfish mining and combining with an eclipse attack[C]. In: Proceedings of the 2016 IEEE European Symposium on Security and Privacy (EuroS&P). IEEE, 2016: 305-320.

[89] SAPIRSHTEIN A, SOMPOLINSKY Y, ZOHAR A. Optimal selfish mining strategies in bitcoin[C]. International Conference on Financial Cryptography and Data Security. Springer, Berlin, Heidelberg, 2016: 515-532.

[90] BAG S, RUJ S, SAKURAI K. Bitcoin block withholding attack: Analysis and mitigation[J]. IEEE Transactions on Information Forensics & Security, 2017, 12 (8):1967-1978.

[91] KWON Y, KIM D, SON Y, et al. Be selfish and avoid dilemmas: Fork after withholding (FAW) Attacks on Bitcoin[DB/OL]. [2018-11-11]. https://allquantor.at/blockchainbib/pdf/kwon2017selfish.pdf.

[92] BISSIAS G, LEVINE B N, OZISIK A P, et al. An analysis of attacks on blockchain consensus[DB/OL]. [2018-11-11]. https://arxiv.org/pdf/1610.07985.pdf, 2016.

[93] CONTI M, KUMAR S, LAL C, et al. A survey on security and privacy issues of bitcoin[J]. IEEE Communications Surveys & Tutorials, 2018.

[94] DUONG T, FAN L, ZHOU H S. 2-hop blockchain: Combining proof-of-work and proof-of-stake securely[DB/OL]. [2018-11-11]https://eprint.iacr.org/2016/716.pdf, 2016, 716: 2016.

[95] BENTOV I, LEE C, MIZRAHI A, et al. Proof of activity: Extending Bitcoin's proof of work via proof of stake [extended abstract][J]. SIGMETRICS Performance Evaluation Review, 2014, 42(3): 34-37. [DOI: 10.1145/2695533.2695545].

[96] PASS R, SHI E. The sleepy model of consensus[C]. In: Proceedings of the 23rd ASIACRYPT International Conference on the Theory and Application of Cryptology and Information Security. Springer, Cham, 2017: 380-409.

[97] GOLDREICH O. Secure multi-party computation[DB/OL]. [2018-11-11]. https://www.researchgate.net/profile/Oded_Goldreich/publication/2934115_Secure_Multi-Party_Computation/links/00b7d52bb04f7027d4000000/Secure-Multi-Party-Computation.pdf.

[98] STADLER M. Publicly verifiable secret sharing[C]. In: Proceedings of the 1996 EUROCRYPT International Conference on the Theory and Applications of Cryptographic Techniques. Springer, Berlin, Heidelberg, 1996: 190-199.

[99] DAVID B, GAZI P, KIAYIAS A, et al. Ouroboros Praos: An adaptively-secure, semi-synchronous proof-of-stake blockchain[C]. In: Advances in Cryptology—EUROCRYPT 2018, Part Ⅱ. Springer Cham, 2018: 66-98. [DOI: 10.1007/978-3-319-78375-8_3].

[100] BADERTSCHER C, GAZI P, KIAYIAS A, et al. Ouroboros genesis: Composable proof-of-stake blockchains with dynamic availability[C]. In Proceedings of the 2018 ACM Conference on Computer and Communications Security (CCS). ACM, 2018: 913-930.

[101] HOUY N. It will cost you nothing to 'kill' a proof-of-stake crypto-currency[DB/OL]. [2018-11-11]. ftp://ftp.gate.cnrs.fr/RePEc/2014/1404.pdf, 2014.

[102] CHEPURNOY A. Interactive proof-of-stake[DB/OL]. [2018-11-11]. https://arxiv.org/pdf/1601.00275.pdf, 2016.

[103] KWON J. Tendermint: Consensus without mining[DB/OL]. [2018-11-11]. https://tendermint.com/static/docs/tendermint.pdf, 2014.

[104] GA ŽI P, KIAYIAS A, RUSSELL A. Stake-bleeding attacks on proof-of-stake blockchains[C]. In: Proceedings of the 2018 Crypto Valley Conference on Blockchain Technology (CVCBT). IEEE, 2018: 85-92.

[105] SYTA E, TAMAS I, VISHER D, et al. Keeping authorities"honest or bust" with decentralized witness cosigning[C]. In: Proceedings of the 2016 IEEE Symposium on Security and Privacy (SP). IEEE, 2016: 526-545.

[106] ANDRYCHOWICZ M, DZIEMBOWSKI S. Pow-based distributed cryptography with no trustedsetup[DB/OL]. [2018-11-11]https://pdfs. semanticscholar. org/337d/acbda3735dfce5e9e99b4e2eda0f244e98f4. pdf.

[107] GARAY J A, KIAYIAS A, LEONARDOS N, et al. Bootstrapping the blockchain, with applications to consensus and fast PKI setup[C]. In: IACR International Workshop on Public Key Cryptography. Springer, Cham, 2018: 465-495.

[108] LEUNG D. Vault: Fast bootstrapping for cryptocurrencies[D]. Massachusetts Institute of Technology, 2018.

[109] SYTA E, JOVANOVIC P, KOGIAS E K, et al. Scalable bias-resistant distributed randomness[C]. In: Proceedings of the 2017 IEEE Symposium on Security and Privacy (SP). IEEE, 2017: 444-460.

[110] REN L, NAYAK K, ABRAHAM I, et al. Practical synchronous byzantine consensus [DB/OL]. [2018-11-11]https://allquantor. at/blockchainbib/pdf/ren2017practical. pdf, 2017.

[111] MILLER A, JUELS A, SHI E, et al. Permacoin: Repurposing Bitcoin work for data preservation[C]. In: Proceedings of 2014 IEEE Symposium on Security and Privacy (SP). IEEE, 2014: 475-490. [DOI: 10. 1109/SP. 2014. 37].

[112] PARK S, PIETRZAK K, ALWEN J, et al. Spacecoin: A cryptocurrency based on proofs of space[DB/OL]. [2018-11-11] https://eprint. iacr. org/2015/528. pdf, 2015.

[113] ZHANG F, EYAL I, ESCRIVA R, et al. REM: Resource-efficient mining forblockchains[C]. In: Proceedings of the 26th USENIX Security Symposium. USENIX, 2017: 1427-1444.

[114] ARMKNECHT F, BOHLI J M, KARAME G O, et al. Sharding PoW-based blockchains via proofs of knowledge[DB/OL]. [2018-11-11]https://eprint. iacr. org/2017/1067. pdf.